계엄君 계엄群

- 계엄 대통령과 국회에 총겨눈 무리들 -

계엄君 계엄群

― 계엄 대통령과 국회에 총겨눈 무리들 ―

김태훈 지음

THE PURPLE MEDIA

프롤로그

12·3 비상계엄. 누가 상상이나 했으랴. UFO의 서울 도심 한복판 착륙이 2024년 12·3 비상계엄보다 더 현실적이겠다는 생각이 들 정도였다. 25년 기자 생활을 하며 온갖 사건 사고를 겪었고, 이제는 어떤 상황이든 대처할 태세를 갖췄다고 자신했지만 계엄은 속수무책이었다. 그럼에도 불구하고 국방전문기자로서 취재를 해야 했고, 기사를 써야 했다.

계엄령이 선포되고, 미증유의 혼란 속에 계엄 종사자들이 추려져 수사기관과 법원으로 계엄 수습의 공이 넘어가기까지 두어 달 동안 어떻게 살았는지 아득하다. 2025년 봄 현재는 수사기관과 법원, 국회, 그리고 법조와 정치 기자들의 시간이다. 다시 국방전문기자의 일상으로 돌아가기에 앞서, 기자의 시각에서 또 문민통제 연구자의 위치에서 12·3 비상계엄을 정리할 사명 비슷한 것을 느꼈다. 살아생전 다시 경험하기 힘든 계엄 취재의 기록을 남길 필요가 있고, 근 반세기 만에 계엄의 늪에 빠진 군의 정치 탈피를 위한 반면교사의 글을 써야 한다는 의무감이 스멀스멀 솟아오른 것이다. 그래서 썼다.

이 책 《계엄君 계엄群-계엄 대통령과 국회에 총겨눈 무리들》은 SBS 외교안보팀의 12·3 비상계엄 취재 기록이다. SBS 외교안보팀은 12·3 비상계엄 사태를 관통하는 숱한 단독기사를 보도하며 계엄 정국의 방향타 역할을 했다. 대한민국 언론 중에서 단연 수준급 계엄 기사를 썼다고 감히 자부한다. 김용현, 노상원, 여인형 등 계엄 삼대장을 독점 인터뷰해 계엄의 막전막후를 복원했고, 계엄을 향한 김용현 군부의 빌드업 스토리까지 빠짐없이 취재했다. 우리 팀이 그동안 축적한 취재 수첩, 녹취록, 각종 사진 등 취재물들이 《계엄君 계엄群》에 총망라됐다. 아울러 문민통제 연구자로서 12·3 계엄의 원인을 탐구하고, 군의 탈정치화를 모색했다.

《계엄君 계엄群》은 1, 2, 3, 4부로 구성됐다. 1부는 12·3 비상계엄의 실체이다. 민주주의가 만개한 2024년 대한민국에서 어떻게 계엄이 실행됐는지 조명했다. 먼저, 계엄군의 선관위·국회 작전 목적을 털어놓은 김용현 장관 텔레그램 인터뷰의 전모를 밝힌다. 윤석열 대통령과 김용현 장관 측은 질서 유지를 위해 계엄군이 국회에 들어갔다고 주장하지만 《계엄君 계엄群》 속에는 그들의 강변을 무력화하는 반박 불가의 증거가 있다. 또 12·3 비상계엄의 최고 관심 인물인 노상원 전 정보사령관과 여인형 방첩사령관의 독점 인터뷰 녹취록을 《계엄君 계엄群》에서 전격 공개한다. 수사기관도 들어보지 못한 김용현, 노상원, 여인형의 실토 과정이 생생하게 그려진다. 대통령실 인사들의 계엄 행적과 계엄군의 시그널 비밀 통신, 국방부의 계엄 개입 정황 등도 《계엄君 계엄群》 1부에 실렸다.

2부는 12·3 비상계엄의 빌드업 이다. 곰팡내 나는 계엄이라는 옛적 괴물이 태동해서 성체가 되는 과정에 주목했다. 즉, 계엄을 실행하기 위해 윤석열 정부와 김용현 군부가 사전에 어떤 일들을 벌였는지 추적했다. 계엄 조건의 조성을 위해 외환을 일으키려 했다는 의혹의 중심인 평양 발견 무인기. 이 무인기의 본모습을 한 땀 한 땀 취재해서 썼다. 2023년 12월부터 시작된 그들의 계엄 모의와 2024년 8월 김용현 국방부 장관 기용의 뒷배경을 둘러싼 이야기들도 《계엄君 계엄群》에 담았다. 대수장(대한민국 수호 예비역 장성단)을 비롯한 예비역 장성의 무리들, 윤석열 정부 출범 때 함께 등장한 김용현 국방 상왕 체제 등 계엄의 씨앗들도 파헤쳤다.

3부는 12·3 비상계엄을 문민통제의 실패로 보고, 문민통제의 복구 방안을 모색한다. 탈정치화, 전문직업화의 군이 국민과 국가의 도구가 되는 것이 민주주의 문민통제이다. 윤석열 정부의 문민통제는 어떤 것이었을까? 12·3 계엄은 어떤 문민통제에 따라 잉태된 것일까? 그런 조건을 조성한 배경은 무엇일까? 재발방지의 대책은 있을까? 《계엄君 계엄群》 3부는 이런 질문들에 대한 해답을 찾는다.

마지막 4부는 1, 2부에서 펼쳐진 취재를 거쳐 보도된 단독기사들의 모음이다. 계엄이라는 대사건을 정통으로 맞아 군, 정치권, 수사당국 모두 갈피를 못 잡을 때 우리 팀은 바늘 하나 들어갈 만한 틈이라도 보이면 비집고 들어가 진실을 좇는 취재를 했다. 이의 결과물로 탄생한 단독 기사들 중에 하이라이트를 엄선해 4부에 옮겨 놨다.

《계엄君 계엄群》에는 SBS 외교안보팀의 피와 땀이 녹아 있다. 이 자리를 빌어 2024년 12월을 함께 뜨겁게 달린 외교안보팀의 노고에 새삼 감사를 드린다. 극강의 텐션으로 팀원들의 잠재력을 100%, 200% 끌어낸 팀장 김수형 기자의 공이 가장 크다. 홍명재 기자는 여인형 방첩사령관 전화 인터뷰로 계엄 취재의 숨통을 텄고, 김수영 기자는 여기저기 널브러진 취재물들에서 필요한 것만 쏙쏙 뽑아내 동료들의 기사를 완성 시켰으며, 안정식, 최재영, 정혜경 기자는 뒤에서 든든히 받쳐주는 버팀목과 같았다. 그들의 노력과 헌신이 있었기에 《계엄君 계엄群》은 태어났다. 원고를 재독, 삼독하며 조언을 아끼지 않은 김영희 더퍼플미디어 대표에게도 고마움을 전한다.

졸저 《계엄君 계엄群》이 우리 군에 박혀있는 계엄의 DNA, 정치의 DNA를 들어내는 데 미미한 기여라도 한다면 애써 자료 정리하고 밤늦도록 원고 쓴 보람을 찾을 것 같다. 우리 군이 하루 속히 12·3 계엄의 망령을 털어내고 국민들의 신뢰를 되찾아 강군으로 다시 태어나기를 기원한다.

2025년 4월
삼각지 국방부 기자실에서
김태훈 SBS 국방전문기자

차 례

프롤로그

〈제1부. 12·3 비상계엄의 실체〉

1. 김용현의 텔레그램 자백
살다살다 계엄이라니 ········· 15
텔레그램으로 끌어낸 내란 자백 ········· 18
그들의 딴소리, 하지만 텔레그램이 있다! ········· 25

2. 여인형 거짓말의 해독법
충암파 행동대장, 여인형 ········· 30
찌라시에 걸려든 여인형 ········· 32
거짓말 속 사실 찾아내기 ········· 37

3. 대화술에 실토한 노상원
베일 속 노상원과 첫 통화 ········· 47
인터뷰'꾼'에게 걸려든 노상원 ········· 56
원점타격·선관위를 논하다! ········· 62

4. 대통령실 베일 벗기기
나홀로 계엄 피한 대통령실 ········· 74

그들도 계엄의 밤에 뛰었다! ································ 76
안보실 1차장은 계엄과 무관한가 ························ 79

5. 시그널 비밀통신과 이상한 안보교육

그들은 시그널을 썼다! ·· 86
국방부의 수상한 정신전력교육 ···························· 89
윤석열 정부의 이상한 안보교육 ·························· 96

6. 전략자산 707과 텔레그램 스캔들

김현태 단장의 눈물과 말 바꾸기 ······················ 102
NEW707 텔레그램 대화방 입수하다 ················ 105
"기억 못 하겠다" 선택적 건망증인가 ················ 108

〈제2부. 12·3 비상계엄의 빌드업〉

7. 평양 추락 무인기와 북풍 의혹

평양 추락 무인기와 전략적 모호성 ·················· 115
평양의 무인기는 북풍용 미끼인가 ···················· 121
연천과 평양 무인기는 같은 기종! ···················· 125

8. 계엄 모의와 한밤의 말다툼

최소 1년 전부터 계엄을 논했다! ······ 134
한겨레의 도움…'한밤의 계엄 다툼'은 건졌다 ······ 137
2024년 여름, 계엄의 소문들 ······ 139

9. 계엄에 드리워진 예비역의 그늘

대수장과 쿠데타, 그리고 부정선거 ······ 150
한국에서 예비역이란 ······ 156

10. 국방 상왕의 등장과 계엄의 조짐

국방 상왕의 등장 ······ 165
국방 상왕이 사랑한, 국방 상왕을 사랑한 장군들 ······ 169
계엄 DNA 현역들은 어찌 하리오 ······ 173

〈제3부. 윤석열의 계엄과 문민통제의 실패〉

11. 같은 듯 다른 윤석열의 계엄

비상사태 없고, 국회·선관위 침탈하고 ······ 179
반란의 네글자 육방특수 ······ 183
정보사가 왜 계엄에? ······ 186

12. 군부 딛고 꽃피운 문민통제

민주주의 문민통제란 192
한국 문민통제의 탄생 194
한국적 특수성 : 진보의 간섭, 보수의 자율 198

13. 윤석열 정부의 문민통제 실패

평화 중 발동된 자위권 202
야당 공격하고, 정책결정 함구하고 205
민주주의 문민통제의 실패 208

〈제4부. 주요기사 모음〉

에필로그

제1부.
12·3 비상계엄의 실체

1. 김용현의 텔레그램 자백

| 살다살다 계엄이라니 |

 2024년 12월 3일 밤 10시 23분 TV로 생중계된 윤석열 대통령의 12·3 비상계엄 선포. 집에서 허드렛일 하다가 언뜻 TV 자막을 보고 한동안 머리가 멍해졌다. 울려대는 휴대전화. "바로 뉴스 특보 들어갈 테니 전화 연결 리포트를 준비하라."는 지시가 직속 상관인 외교안보팀장, 부서장인 정치부장, 뉴스 특보를 총괄하는 편집팀으로부터 정신없이 쏟아졌다. 뉴스 특보 전화 리포트는 급박할 때 기자가 있는 곳에서 기사를 써서 전화로 라이브 뉴스를 전달하는 방식이다. 집이든, 길바닥이든 장소를 가리지 않는다. 그날은 집에서 전화기 붙들고 기사를 불러댔다.

 21세기 대한민국 국민으로서 상상해 본 적 없는, 또 기자로서 경험해 본 적 없는 대사건의 시작이었다. 수시로 터지는 북한의 미사일과 핵 도발에 밥 먹다 숟가락 팽개치고 국방부 기자실로 달려가 뉴스 특보 대응하는 데 이력이 난 국방부 출입 기자 중에서도 고참 축에 속하지만 계엄은 처음이라 누구한테 무엇을 묻고 어떻게 기사를 써야할지 머리가 하얘졌다. 급한대로 국방부, 합동참모본부, 각 군 당국자들에게 전화를 걸어 사태의 진상을 물었다. 어리둥절하기는 매한가지. 군인들도 비상 걸려 부대로 뛰어 들어갈 뿐 천지분간을 못했다. 그런 사정들이나마 갈무리해 집에서, 국방부에서 뉴스 특보 중계 보도를 이어갔다.

거의 쉼 없이 12월 5일 새벽 2시까지 27시간 동안.

퇴근해 잠시 눈 붙이고 12월 5일 오전 8시쯤 국방부 기자실로 되돌아왔다. 비몽사몽이었다. 사태가 사태인지라 여기저기 취재 포인트와 접촉했다. 국방부와 군의 주요 직위자들, 그리고 나에게는 전가의 보도와 다름없는 여러 정보기관의 '빨대'들에게 두루 전화를 돌렸다. 비상계엄의 진짜 목적이 무엇이고, 계엄군은 중앙선거관리위원회와 국회에 왜 들어갔는지 질문해도 돌아오는 대답은 "짐작도 안된다.", "취재해서 알게 되면 나한테도 알려주라." 등등.

다른 기자들도 취재가 안 돼 답답하기는 마찬가지였다. 추정

2024년 12월 4일 새벽 1시쯤 대통령실·국방부 청사 앞. 경찰은 새벽 4시가 넘도록 기자의 출입을 전면통제했다.

기사들만 잇따라 보도됐다. 윤석열 대통령과 김용현 국방부 장관이 입을 다물면 우리 사회가 계엄의 진실을 찾는 데 애를 먹겠다는 걱정이 들었다. 정면승부를 해보자는 심정으로 김용현, 박안수, 여인형 등 계엄 주역들에게 전화했다. 받지 않았다. 애초에 받으리라 기대도 안했었다.

오전 9시쯤 눈이 번쩍 뜨이는 모 통신사의 기사가 떴다. "현재 심정을 물었더니 김용현 장관이 '안일한 불의의 길보다 험난한 정의의 길을 택하겠다.'는 육사 신조로 답했다."는 내용이었다. 아뿔싸, 김용현 국방부 장관이 전화통화는 피해도 문자 메시지에는 답을 하는구나! 나를 비롯한 국방부의 여러 기자들이 앞다퉈 휴대전화의 문자 메시지와 텔레그램으로 김용현 장관에게 사실확인을 했다. "자유 대한민국 수호라는 구국의 일념, 이것뿐입니다."라는 텔레그램 답변이 즉각 왔다.

취재가 막막했던 계엄 해제 이튿날 김용현의 입장을 직접 받은 것이라서 기사의 가치는 컸다. 다른 기자들은 김용현 국방부 장관이 육사 생도의 신조를 들어 비상계엄의 정당성을 억지 주장한다는 기사들을 써댔다. 여기서 멈추면 선수가 아니다. 승부는 이제부터!

| 텔레그램으로 끌어낸 내란 자백 |

낚시 좋아하는 사람은 안다. 물고기가 두두둑 입질할 때의 긴박감을. 후킹과 릴링이 절묘해야 대어를 낚을 수 있다. 가슴이 뛰었다. 입질, 즉 김용현의 텔레그램 반응은 시작됐고, 이제 다음 차례는 낚시꾼, 즉 기자가 김용현을 살살 달래 이실직고를 받아내는 후킹과 릴링이었다. 김용현 국방부 장관은 제 힘 뽐내며 나서기 좋아하는 과시형 군인이라서 질문만 잘하면 중요한 대답을 받을 수 있을 것이라는 희망이 일어났다.

김용현 국방부 장관의 마음과 처지를 공감하는 듯 "왜 계엄군의 국회 진입이 늦었습니까? 적당한 선에서 위협만 한다는 작전이었습니까?"라고 텔레그램 질문을 던졌다. 몇 분 만에 답이 왔다. "V 지침, 국민안전 유혈사태 방지 최우선! 경찰 우선 조치, 군은 최소한으로 1시간 이후 투입……." 입질 끝에 미끼를 덥석 물었다. V, 즉 대통령이 국민 안전과 유혈 사태를 걱정해 군은 늦게 투입 시켰다는 답에서 자기 방어적 냄새가 물씬 났다.

12월 5일 시점에서 김용현 국방부 장관의 이 정도 언급은 그 자체만으로 작지 않은 기사였다. 기자의 기사 욕심은 끝이 없는 법. 어렵사리 열린 기회의 창을 백분 활용해야 했다. 사흘째 비상 근무에 온전치 않은 심신으로 흐릿한 질문을 해서 판을 깰까 두려웠다. 우리 외교안보팀 단톡방에 SOS를 쳤다. "김용현 장관이 텔레그램으로 답을 하고 있다.", "가장 알고 싶은 게 뭐냐.", "질문 받겠다."고 올렸더니 팀원들은 이구동성으로 '선관위 점거 작전의 목적'을 찍었다.

팀원들의 성원을 업고 "선관위는 왜 간 겁니까? 그 외 다른 기관엔 안 보내셨습니까?"라고 물었다. 떨렸다. 김용현 국방부 장관은 8분 간 뜸을 들인 뒤 "선관위 부정선거 의혹 관련 수사의 필요성 판단 위해……"라고 답했다. 부정선거 음모론에 호응해 계엄군이 중앙선거관리위원회를 점거했으리라고 누가 상상이나 했을까. 계엄의 목적이 부정선거 음모론 증명이었다니. 그 기발함에 어안이 벙벙하고, 기가 찼다. 팀 단톡방에 이 내용을 공유하자 다들 경악하고, 탄식했다.

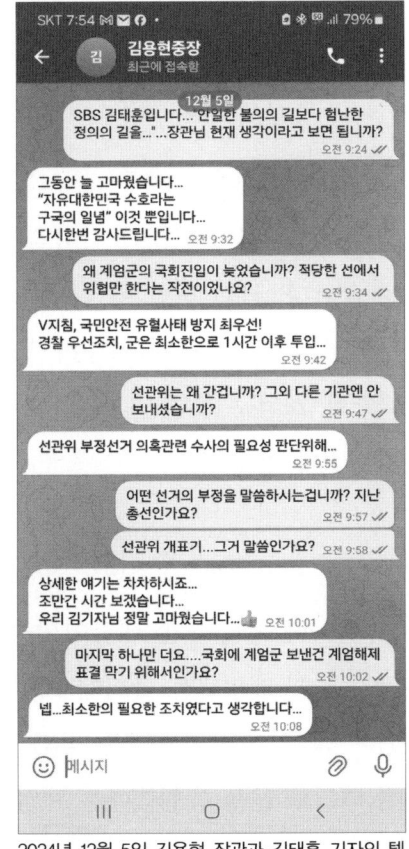

2024년 12월 5일 김용현 장관과 김태훈 기자의 텔레그램 대화.

1. 김용현의 텔레그램 자백

정신을 가다듬고 재빨리 다음 질문을 해야 했다. 황교안 전 국무총리, 전광훈 목사 등이 부정선거 음모론을 설파한다는 사실을 대충만 알고 있던 터라 "어떤 선거의 부정을 말씀하시는 겁니까? 지난 총선인가요?"라고 물었다. 동시에 부정선거 관련 기사들을 검색해본 뒤 "선관위 개표기, 그거 말씀인가요?"라고 덧붙였다. 김용현 국방부 장관의 대답은 "상세한 얘기는 차차하시죠. 조만간 시간 보겠습니다. 우리 김 기자님 정말 고마웠습니다."였다.

아차! 싶었다. 소중한 질문 기회를 다 날리지 않았을까 걱정됐다. 나도 덩달아 생각 없이 "감사하다."라고 인사했다면 대화는 끝났다. 국회 진입 계엄군의 실체도 꼭 알아야 했다. 체면 불구하고, 대답도 크게 기대하지 않은 채 "마지막 하나만 더요. 국회에 계엄군 보낸 건 계엄 해제 표결 막기 위해선가요?"라고 질문했다.

그의 답은 "넵. 최소한의 필요한 조치였다고 생각합니다."였다. 부정선거 음모론 대답이 충격적이었다면 계엄 해제 표결을 막기 위해 계엄군을 국회에 보냈다는 답변은 공포스러웠다. 하! 이 사람들. 헌법에 보장된 국회의 계엄 해제 표결권을 무력화시킬 의도로 군을 동원했다는 계엄 총책의 자백이지 않은가. 오전 9시 24분부터 10시 8분까지 30여 분의 후킹과 릴링 끝에 마침

내 대어를 낚아 끌어올렸다.

　흥분하면 안 된다. '증거 보전'이 시급했다. 김용현 국방부 장관이 직접 중앙선거관리위원회와 국회 점거의 목적을 밝힌 텔레그램 대화는 나중에 수사와 재판에서 주요 증거가 될 수도 있었다. 그 자체로 12·3 비상계엄 역사의 한 장면이라고 생각했다. 김용현 장관이 말을 바꿀 수도 있었다. SBS의 국방부 출입 2진인 최재영 기자를 불러 휴대전화 카메라로 내 텔레그램 대화방을 찍게 했다.(국방부는 일이 많아서 어떤 매체는 1, 2, 3, 4진까지 4명을 배치하지만 SBS는 1, 2진 딱 2명이다.) 국방부에 출입하는 조춘동 영상 기자한테 ENG 카메라 촬영까지 부탁했다. 마지막으로 텔레그램 대화방을 스크린 샷 캡처까지 했다. 3중으로 자물쇠를 채운 셈이다. 든든했다

　이런 취재 과정을 통해 계엄 해제 이튿날 SBS 8뉴스는 〈'선관위' 계엄군 297명…"부정선거 의혹 수사 목적"〉, 〈'군사경찰' 동원령…계엄 합수본 지휘도 '충암파'〉, 〈"계엄 해제 표결 막기 위한 조치"…내란죄 자인?〉 등 3개의 단독보도를 내보냈다.

　〈'선관위' 계엄군 297명…"부정선거 의혹 수사 목적"〉 기사는 12월 3일 밤 윤석열 대통령의 비상계엄 선포와 동시에 계엄군이 가장 먼저 들이닥친 곳은 중앙선거관리위원회라는 점을

적시했다. 국회보다 1시간 앞서 중앙선거관리위원회에 갔고, 투입 병력도 297명으로 국회보다 많았다. 계엄군의 1차 목표가 국회인 줄 알았는데 사실은 중앙선거관리위원회였다. 박안수 계엄사령관은 국회에서 그 이유를 모른다고 말했지만 김용현 국방부 장관은 SBS와 텔레그램 인터뷰에서 "중앙선거관리위원회 부정선거 의혹 관련 수사를 위해."라고 인정했다. 12·3 계엄 사태 관련 수많은 기사 중에서 처음으로 부정선거를 거론한 기사이다. 과천의 중앙선거여론조사심의위원회에까지 계엄군을 보낸 것을 보면 계엄군은 지지율 조사 등 여론조사 전반도 수사하려는 의도가 있었던 것으로 판단할 수 있었다.

〈'군사경찰' 동원령…계엄 합수본 지휘도 '충암파'〉 기사는 12·3 비상계엄이 부정선거 음모론까지 조사하는 독특한 계엄이고, 따라서 수사 인력이 상대적으로 많이 필요했을 것이며, 계엄군은 실제로 각 군에서 군사경찰을 파견받아 대규모 합동수사본부 구성을 꾀한 점을 파헤쳤다. 계엄법에 따라 방첩사령부가 계엄 합동수사본부를 총괄한다. 계엄 작전계획대로라면 각 군의 군사경찰은 동원되지 않는다. 하지만 나는 "포고령 발표 전후 육해공 각 군 군사경찰단에 수사 인력을 보내 달라는 상부 지시가 하달됐다."는 믿을 만한 국방부와 군 소식통들의 진술을 확보했다. 기형적으로 규모가 큰 합동수사본부가 준비됐었고, 우두머리는 윤석열, 김용현과 충암고 동문인 여인형 방첩사령관이었다.

〈"계엄 해제 표결 막기 위한 조치"…내란죄 자인?〉 기사는 계엄 해제 표결을 막기 위해 국회에 계엄군을 보냈다는 김용현의 텔레그램 답변을 분석했다. 형법은 내란죄를 구성하는 국헌문란의 정의를 헌법에 의해 설치된 국가 기관의 기능 행사를 강압으로 불가능하게 하는 것으로 규정하고 있다. 표결을 막기 위해 국회에 계엄군을 투입한 것은 국헌문란의 내란죄와 직결되는 행위이다. 텔레그램 대화는 김용현 국방부 장관의 내란죄 자백과 같았다.

기사 반응은 뜨거웠다. 득달같이 더불어민주당 국회 국방위원회 소속 국회의원들이 텔레그램 인터뷰를 확인하는 전화가 걸려왔다. "중앙선거관리위원회 작전의 목적을 알아서 눈이 확 뜨인다.", "10%대로 떨어진 윤석열 지지율도 의심해서 여론조사심의위까지 간 것."이라며 SBS의 보도를 응원했다. 네이버 포탈에 달린 댓글은 7,000개를 상회했다. 유튜브 조회 수와 댓글 수도 기록적이었다.

이로써 계엄군의 국회와 중앙선거관리위원회 작전 목적은 각각 국회의 계엄 해제 표결 저지와 부정선거 음모론 증명이란 점이 확고해졌다. 부동의 사실이 됐다. 정치와 수사의 방향도 명확해졌다. 닷새 후인 12월 10일 국회 국방위원회 전체회의 현안 질의에서 곽종근 특전사령관은 계엄 해제 의결 저지를 위한 계엄군의 작전 사실에 쐐기를 박았다. 오전 질의답변 중 "답변에 제한이 된다."며 입을 다물었지만 오후 질의답변에서 "대통령의 지시로 국회의원들을 끌어내려고 했다."고 실토했다. 다음은 국회 국방위원회 회의 중 국민의힘 유용원 의원 질의에 대한 곽종근 특전사령관의 답변이다.

〈국회 국방위 현안질의〉
2024년 12월 10일

유용원: 아까 제가 윤 대통령님과 전화 통화한 부분에 대해서 추가로 한 게 없느냐고 여쭤봤을 때는 말씀 안 하시더니 존경하는 박(범계) 위원님이 질의하셨을 때는 "추가 통화가 있었다." 이런 말씀을 하셨더라고요. 그런데 지금도 말씀을 들으니까 당시 대통령께서 두 번째 통화 때 "문을 부수고 국회의원을 끌어내라." 이런 말씀을 하셨다는 얘기도 있는데 맞습니까?

곽종근: 그렇습니다.

유용원: 구체적으로 어떤 말씀이 있으셨나요?

곽종근: 제가 좀 설명을 드려도 되겠습니까?

유용원: 예.

곽종근: 분명히 오전에는 제가 전화 건 것은 있고, 구체적인 사항은 말씀 드릴 수 없다고 답변을 드렸습니다. 여러 가지 변명의 이유는 대

지 않겠습니다. 제가 지금부터 말씀드리는 것은 제가 예하 부대에 지시를 해서 투입한 이 사항에 대해서 오로지 제가 책임을 통감하고 있고, 책임을 지겠다는 말씀을 드리면서 먼저 말씀을 드리겠습니다. 대통령께서 비화폰으로 제게 직접 전화를 하셨습니다. "의결정족수가 아직 안 채워진 것 같다. 빨리 문을 부수고 들어가서 안에 있는 인원들을 끄집어내라."고 말씀을 하셨습니다.

| 그들의 딴소리, 하지만 텔레그램이 있다! |

2024년 12월 14일 윤석열 대통령에 대한 탄핵소추안이 국회 본회의를 통과했다. 재적 의원 300명 전원이 참석한 가운데 찬성 204표, 반대 85표, 기권 3표, 무효 8표로 윤석열 대통령이 탄핵됐다. 윤석열 대통령은 당일 오후 6시 권한이 정지됐다. 윤석열 대통령의 파면 또

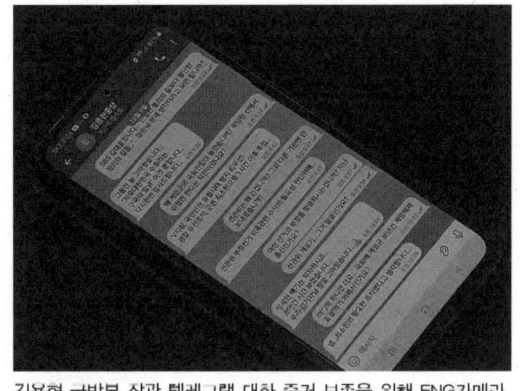

김용현 국방부 장관 텔레그램 대화 증거 보존을 위해 ENG카메라로도 촬영했다.

1. 김용현의 텔레그램 자백　25

는 복귀 결정의 공은 헌법재판소로 넘어갔다.

윤석열 대통령 파면 여부를 결정할 헌법재판소 탄핵 심판의 쟁점은 "피청구인 윤석열 대통령이 헌법기관을 강제로 무력화하는 시도, 즉 국헌문란의 행위를 했느냐."이다. 윤석열 대통령이 국회의 계엄 해제 표결을 막으려 했다는 사실이 입증되면 헌법재판소는 윤석열 대통령의 탄핵을 인용할 가능성이 커진다. 윤석열 대통령 측은 계엄 해제 표결을 막지 않았다고 주장할 것으로 예상됐고, 실제로 그랬다. 피청구인 윤석열 대통령과 증인 김용현 국방부 장관 측은 "국회의원이 아니라 특전사령부 요원을 국회에서 끌어내려고 했다."는 취지로 항변했다. 국회 질서 유지를 위해 장병들을 빼내려 했다는 주장이다. 국회의 계엄 해제 표결을 막으려는 시도는 안 했다고 거듭 목소리를 높였다. "의결정족수를 채우지 못하게 의원들을 끌어내라고 했다."는 사령관들의 국회 발언은 대통령과 장관의 지시를 오해한 데 따른 해프닝으로 치부했다.

〈헌법재판소 탄핵 심판 4차 변론〉
2025년 1월 23일

탄핵소추단 변호인 : 증인 11시 50분 당일 밤에 곽종근에게 707 특수임무단 병력 추가로 국회에 투입하라고 지시하신 적 있죠?

> 김용현: 네. 그때 이제 본청에 들어가 있는 병력이 너무 적은 거 같아서 추가 가능하냐 그랬더니 707 인원이 조금 남아있다. 그래서 증원이 가능하면 투입하라. 그래서 아까 얘기한 180명이 들어온 겁니다..
>
> 변호인: 30분 뒤에 곽종근한테 다시 전화해서 국회의원이 150명이 안 되도록 막아라, 빨리 의사당 문 열고 안으로 들어가서 안에 있는 국회의원들 데리고 나와라. 이렇게 지시하신 적 있죠?
>
> 김용현: 그건 불가능한 일입니다.
>
> 변호인: 증인 아까 국회의원이 국회에 들어가는 걸 통제하라고, 못 들어가게 하라고 지시하신 적이 증인도 없고, 피청구인도 없다고 말씀하셨어요.
>
> 김용현: 네.

곽종근 특전사령관 등은 윤석열 대통령과 김용현 국방부 장관의 전화 지시를 듣고 이를 기억했다가 국회와 수사기관에 진술했다. 엄밀히 말해 2차적 진술이다. 듣고 기억했다가 말하는 과정에서 오해 또는 왜곡이 생길 수 있다. 가능성이 현저히 낮지만 전혀 불가능한 것도 아니다. 백번 양보해서 여러 사령관들이 대통령과 장관의 지시를 동시에 오해했다고 치자.

그렇다면 2024년 12월 5일 내가 텔레그램으로 "국회에 계엄군 보낸 건 계엄 해제 표결 막기 위해선가요?"라고 물었을 때 김용현 국방부 장관이 직접 "넵. 최소한의 필요한 조치였다고 생각합니다."라고 답변한 것은 무엇인가. 나에게 텔레그램으로 답한 것은 김용현의 직접적 진술이다. 2차적 진술이 아니다. 김용현 장관이 스스로 계엄 해제 의결을 막기 위한 최소한 필요조치로 계엄군을 국회에 보냈다고 자백했다.

김용현 국방부 장관의 텔레그램 답변과 사령관들의 국회, 수사기관 진술은 같다. 팩트는 분명하다. 12·3 비상계엄 중 계엄군은 국회의 계엄 해제 의결을 막기 위해 국회에 진입했다. 비록 실패했지만 그들의 목적은 국회의 계엄 해제 의결 저지였다. 김용현 장관 텔레그램 인터뷰를 다룬 SBS 보도는 윤석열 대통령의 국헌문란 혐의를 뒷받침하는 부동의 증거이다.

2. 여인형 거짓말의 해독법

| 충암파 행동대장, 여인형 |

윤석열 대통령은 충암고 8회 졸업생이다. 김용현 국방부 장관은 충암고 7회로 윤석열 대통령보다 1년 선배이다. 여인형 방첩사령관은 충암고 17회로 충암파의 막내이다. 막내답게 여인형 사령관은 12·3 비상계엄에서 충암파의 수족 같은 역할을 했다. 본디부터 방첩사령부는 계엄 중 수사권을 독식하는 계엄의 중추여서 계엄 사태 초기 여인형 사령관은 윤석열 대통령, 김용현 장관과 더불어 계엄 3인방으로 꼽혔다.

기자들은 만사 제쳐두고 여인형 방첩사령관을 쫓아야 했다. 24시간 뉴스 체제가 3~4일째 이어지자 기자들은 너나없이 녹초가 됐다. 나 역시 여인형 사령관한테 달려가고 싶은 마음이 굴뚝 같았으나 피로에 찌든 몸은 따로 놀았다. 단비가 내렸다. 든든한 지원 병력이 왔다. 내가 콕 찍어서 요청한 대로 경제부의 김수영 기자와 홍영재 기자이다.

김수영 기자는 SBS 최고의 보살이다. 어지간히 깨져도 꿈쩍 않는 것은 기본이고, 혼자 감내할 뿐 아랫사람에게 짐을 떠넘기지 않는 뚝심도 있다. 스트레스가 쏟아지는 국방부 기자실의 버팀목으로 딱이었다. 홍영재 기자는 미국 외 국적의 기자 중 최초로 미 해군 전략핵잠수함 내부 취재에 성공한 재간꾼이다. 둘

다 국방부 2진 기자 경력이 있다. 이 둘을 데리고 못할 일이 무엇이랴.

이때쯤 외교안보팀장 김수형 기자에게 제보 몇 건이 걸려들었다. 계엄 당일 오전부터 방첩사령부에 정위치 근무, 음주 자제 등 대비태세 강화 지침이 몇 차례 내려졌고, 하루 종일 심상찮은 회의들이 이어졌다는 것이다. 방첩사령부에 정통한 취재원이 김수형 팀장에게 직접 전달한 내용들이었다. 국방부 출입 경험이 없는 김수형 팀장한테 이렇게 훌륭한 군 취재원이 있었는지 그때 처음 알았다. 나는 방첩사령부 현역과 예비역들에게 이런 첩보들이 사실인지 물었고, 대부분 사실과 부합하다는 답이 돌아왔다. 방첩사령부가 장성들 퇴근을 시키지 않고 계엄 선포 직전 야간 회의를 연 사실도 포착됐다. 계엄의 밤, 근무 외 시간에 열린 장성들 회의는 계엄과 무관할 리 없다고 생각됐다.

2024년 12월 6일 홍영재 기자가 경기도 과천 방첩사 앞에서 여인형 사령관과 통화하고 있다.

| 찌라시에 걸려든 여인형 |

보도에 앞서 여인형 방첩사령관 취재가 꼭 필요했다. 무작정 홍영재 기자를 경기도 과천의 방첩사령부로 급파했다. 살풍경한 과천의 방첩사령부 정문 앞. 여인형 사령관과 접촉해야 했지만 홍영재 기자가 접근할 수 있는 한계는 정문 앞이었다. 믿을 건 전화뿐. 아무리 여인형 사령관의 번호를 눌러봐도 받지 않았다.

재간꾼 홍영재 기자가 문자메시지로 여인형 방첩사령관의 심기를 건들었다. "방첩사가 급히 문서를 파기 중이다.", "중령급 장교 수명에 대해 돌연 인사 조치가 진행 중이다."라는 항간에 떠돌고 있는 찌라시 정보를 여인형 사령관에게 문자 메시지로 보낸 것이다.

화들짝 놀란 여인형 방첩사령관이 반응했다. 전화를 안 받던 여인형 사령관이 12월 6일 낮 1시쯤 되레 홍영재 기자에게 전화를 걸어 온갖 말들을 풀어놨다. 며칠간 짓눌렸던 압박에서 풀려난 것처럼 여인형 사령관의 진술에는 막힘이 없었다.

〈여인형 방첩사령관 전화 인터뷰〉
2024년 12월 6일

홍영재 : 지금 현재 상황 관련해서 영관급 장교들이 약간 이제 항의를 해서 이 분들을 보직해임하고 있다는 식으로 찌라시가 돌고 있거든요.

여인형 : 전혀 없죠. 전혀 없고.

홍영재 : 문서 파쇄 중이라는 얘기도 돌고 있습니다. 내부에서, 사령부 내부에서 관련 문서를 파쇄 중이라는 그런 찌라시도 돌고 있습니다.

여인형 : 그거야 이제 당연히 돌게 돼 있는 찌라시인데. 기자님이 좀 한 번 도와주실 것 같으면 제가 이걸 말씀드릴 테니까. 그날 계엄령이 발령된 그 날 오전에 방첩사령부는 대령급 실장들 10여 명에 대한 전출입 신고가 있었어요. 그것 좀 하나 좀 기사 좀 내주시겠습니까?

홍영재 : 네 알겠습니다. 사령관님, 기사 내려면요 하나만 더 여쭤볼게요. 그날 당일 지시를 받으셨잖아요. 그래서 국회와 선관위를 가라. 근데 어쨌든 요인 체포에 관련된 얘기는 전혀 없었나요?

여인형 : 전혀 없이 그냥 위치 확인을 좀 해 봐라. 그 얘기가 다입니다.

홍영재 : 위치 확인을 위한 사유가 뭐예요? 왜 위치 확인을 하라고.

여인형 : 체포해라, 마라. 그런 얘기를 제가 들을 이유도 없고, 그때 그러니까 포고령 1호에 보면 정치 활동 금지 어쩌고 이런 게 있으니까, 이제 그런 거와 관련된 사람들이 있지 않겠냐. 그래서 그 위치 확인을 잘해라. 왜냐하면 이제 합동수사본부 하면은 제가 합동수사본부장에서 그런 걸 준비를 해야 되니까요. 그래서 그냥 위치 확인해라, 저는 이제 그런 식으로 이해를 했고, 그런 식으로 지시를 한 거예요. 근데 여러 군데 나왔지만, 저희는 사실 워

낙 준비가 안 돼 있었어요.

홍영재 : 어떤 준비 말씀이시죠?

여인형 : 그러니까 만약에 그날, 준비가 안 됐다는 얘기가 무슨 소리냐 하면은 저희는 특전사나 수방사와 달리 전투 부대가 아니니까 그냥 다 퇴근해 버리면 끝이에요. 소수의 인원만 대기하고 있다고요. 그래가지고 그날 다 부대에 영외거주자들이 소집된 시간이 거의 새벽 12시 반, 1시 이렇게 됐었어요. 그래가지고 국회로 가고, 선관위로 가고, 어디를 가든지 간에 거의 뭐 1시 넘어서 다들 나간 거예요 그쪽으로. 그러니까 사실은 도착 못한 사람이 대다수예요. 그러다 끝난 겁니다 지금. 그러니까 만약에 무슨 누구를 체포해라, 어쩌고 한다? 그러면은 뭘 어떻게 체포해? 상태가 그런데요.

홍영재 : 근데 위치 확인을 사령관님께서는 그냥 그 자체로 받아들이신 거예요?

여인형 : 그 자체로 받아들인 거죠. 왜냐하면 이게 그 사람들이 예를 들면 뭐죠, 포고령을 위반했는지 안 했는지도 모르겠고, 그냥 그 정도죠. 그냥 그래 어디에 있는지 정도 좀 알아야 되겠구나, 근데 지금 텔레비전 보니까 죄다 지금 여의도에 몰려 있으니까, 그러면 그쪽으로 가야 되겠구나 이렇게 생각한 거죠.

홍영재 : 지시도 같은 워딩으로 전달하신 거죠?

여인형 : 지금 뭐 솔직히 잘 기억도 안 납니다. 근데 다 그런 뉘앙스였을 거예요.

홍영재 : 그리고 어쨌든 찌라시 내용이 있으니까요. 그 뭐 관련해서 우리

수행하는 부하 직원들이 이거에 대해서 반발하거나, 되묻거나 그런 것들은 혹시 있었는지 기억이 나시는지?

여인형 : 제가 볼 때는 그날 당일 날 제가 그런 보고가 와도 틈이 없었어요. 근데 뭐 그런 얘기는 못 들었어요.

홍영재 : 그리고 앞선 그런 관련 내용은 장관님한테 직접 통화로 말씀을 들으신 거죠?

여인형 : 거의 오늘 특전사령관도 (인터뷰)하고 뭐 하고 하던데 거의 다 실시간 다 전화로 한 거예요. 전화로. 왜냐하면 사전에 계획된 게 아니니까. 뭐 어떻게. 전화를 받아야지 어떻게 해요.

홍영재 : 대통령님 전화는 혹시 받으셨어요? 특전사령관님 받으셨다고 하던데 한 차례.

여인형 : 저는 그냥 이제 모르겠어요. 그냥 방첩사령관이라 그런지 모르겠는데 대통령 관련된 건 제가 확인해 드리기가 좀 곤란하고요. 근데 그냥 상식적으로 판단하시면 되죠.

홍영재 : 그 방첩사 대원 분들은 어떤 요원이었어요? 포렌식 하는 인원들도 뭐 선관위에 가시고 했나요?

여인형 : 그런 이제 구체적인 거는 제가 아직 지금 말씀을 좀 못 드리고요.

홍영재 : 사령관님도 계엄 얘기 그거 방송 보고 아셨다고 하셨나요?

여인형 : 네네.

홍영재 : 초반에 말씀하신 전출입이요. 전 출입은 이미.

여인형 : 진작에 계획돼 있던 거죠.

TV를 보고 계엄을 알았다는 여인형 방첩사령관의 말은 속이 뻔히 보이는 거짓말이었다. 그렇다고 여인형 사령관이 거짓말만 일관할 처지는 아니었다. 계엄의 또 다른 축들인 곽종근 특전사령관, 이진우 수도방위사령관이 김병주 더불어민주당 의원과 유튜브 인터뷰에서 많은 사실을 털어놓은 직후라 여인형 사령관도 홍영재 기자와 전화통화에서 제법 솔직한 말을 할 수밖에 없었다.

"포고령 위반에 대비해서."라는 단서를 달긴 했어도 정치인 등 주요 인사 위치 파악에 대해 인정했다. 대통령과 통화한 사실은 긍정도 부정도 안 함으로써 사실상 통화했음을 시사했다. 비협조자 보직해임, 문서 파쇄 등 찌라시 내용은 어차피 가짜였으니까 여인형 방첩사령관은 부정했다.

첫 통화에서 여인형이 언급한 12월 3일 계엄 당일 오전에 열린 대령급 전출입 신고식. 여인형 방첩사령관은 그날 방첩사령부의 가장 중요한 행사에 마치 참석한 것처럼 전출입 신고식을 강조했다. 나중에 밝혀지지만 12월 3일 방첩사령부의 대령급 전출입 신고식을 둘러싸고 벌어진 일은 방첩사령부의 계엄 상황을 이해하는 중요한 단서가 된다.

거짓말속 사실 찾아내기

일단 홍영재 기자와 여인형 방첩사령관 사이 통신의 물꼬는 트였다. 본격적으로 12월 3일 방첩사령부의 수상한 내부 보안 지침과 이례적인 심야 회의 등 우리가 노리고 있는 팩트들에 대한 사실확인을 해야 했다. 이즈음 우리 팀은 방첩사령부의 계엄 대비 문건도 입수했다. 대통령 거부권으로 국회의 계엄 해제 의결을 막는 방안을 검토한 것으로 읽히는 문건이었다. 우리는 홍영재 기자만 굳게 믿었다. 홍영재 기자와 여인형 사령관의 두 번째 전화통화는 12월 7일 이뤄졌다.

〈여인형 방첩사령관 전화 인터뷰〉
2024년 12월 7일

홍영재: 저희가 추가로 취재한 거 말고, 일단은 기사 나온 것부터 간단하게 여쭤볼게요. 그 검토 문건 나온 거 보셨죠?

여인형: 봤어요. 그게 뭐냐 하면 전시 작계예요. 그거 한 몇 백 페이지 되지 않습니까. 그게 그러니까 맨날 하는 일이죠. 오래전부터 있던 거고, 몇 백 페이지짜리고, 그거를 이제 올 1년 내내 봄에 FS 연습(프리덤실드 연합훈련)도 하고, UFS 연습(을지프리덤실드 연합훈련)도 했으니까 조금씩 보완하는 게 있지 않겠습니까. 그거 보완한 거예요. 보완하는 작업하는 거예요, 지금.

홍영재: 대통령 거부권 행사에 대해서는 검토는 왜 하셨던 거예요?

여인형 : 거기에 그런 내용 전혀 없어요.

홍영재 : 저희가 좀 취재를 했는데 사령관님께서 국회의 계엄 해제 요구 시 대통령의 거부권을 행사할 수 있는 방안에 대해서도 법률적으로 검토하라고 지시를 했다고 저희는 이제 취재가 됐거든요.

여인형 : 누가 제보를 했겠죠. 또 악의적으로. 그런 지시를 제가 거기서 왜 합니까?

홍영재 : 그래서 내부에서도 이거를 왜 우리가 법률검토를 하느냐 의아해했다는데.

여인형 : 전혀. 나중에 수사 조금만 하면 다 나옵니다.

홍영재 : 계엄 당일 사령관님께서 이미 그날 오후쯤에 군사 상황이 좋지 않다, 음주 외식을 자제하고 좀 자기 위치에, 야간에도 정위치해달라는 공지를 내렸다고.

여인형 : 공지 내렸죠.

홍영재 : 계엄 당일날 오후쯤에. 그거 왜 내리신 거예요?

여인형 : 제가 이렇게 얘기했어요. 이게 이제 또 좀 복잡한 상황으로 가는데. 취지가 이거예요. 제가 월요일까지 휴가를 갔다 왔지 않습니까? 그리고 이제 화요일 날 아침에 출근해서 각종 수사 현안 이런 게 막 새로운 게 많이 터졌어요. 그래서 내가 엄청 화를 냈어요..

홍영재 : 수사 현안은 평상시의 업무 관련?

여인형 : 수사 현안이 막 뭐야. 수사 착수를 새로 해야 하는 것도 있고, 이런 것들이 막 제가 휴가 갔다 오니까 막 보고를 하더라고요. 제가 엄청 화를 냈어요. 그다음에 두 번째는 북한의 그 오물 풍

선이 이제 날아오냐 안 날아오냐 이런 것 때문에 굉장히 부대는 민감합니다. 그날도 풍향이나 이런 거를 봤을 때 합참에서 평가하기를 쓰레기 풍선이 날아올 확률이 크다. 이렇게 저희들은 봤잖아요. 그래서 제가 그날 또 뭔 일이 있었냐면은 사령부의 대령급 실장들 한 10명쯤이 그날 보직 교대를 했어요.

홍영재 : 예. 전출입 있으셨다고.

여인형 : 그러면 이제 스토리가 어떻게 돼. 참 이게 모든 게 공교로운데. 그러니까 이제 제가 휴가 갔다 와서 아침에 각종 이런 현안 보고 받으면서 짜증을 많이 냈죠. 이거 좀 똑바로 처리하라고. 그 다음에 이제 사람은 또 바뀌었죠. 그 사람 바뀌었으면 또 뭐 회식하고 또 그럴 거 아니에요. 그런데 거기다가 합참에서는 또 북한 쓰레기 풍선이 바람 방향 같은 거 보면은..

홍영재 : 오늘도 올 수 있다는 첩보가 있으니.

여인형 : 첩보가 있어서 다 대기하라고 그러는데 대기가 이거 말씀 똑바로 해야 돼. 대기가 아니라 오늘 좀 처실장도 바뀌고 그랬으니까 오늘 너네 뭐 술 먹고 그러지 마라..

홍영재 : 근데 문자 내용 보면 오늘 군사 상황 좋지 않습니다. 그리고 본 상황에 대해서도 보안 유지 당부 드린다. 이거 오물 풍선을 하루 이틀 보낸 게 아니잖아요.

여인형 : 맨날맨날 그런 식으로 보내죠 그거는 그러면.

홍영재 : 그래서 그날 저녁에 밤 9시에 이것도 계엄 선포 전 1시간 전이죠. 밤 9시에 사령관님이 OOO 참모장님이랑 OOO 처장님 따로 불러 회의를 하셨다는 내용도 저희가 취재가 됐거든요.

여인형 : 당연히 했죠. 왜냐하면 아까 말씀드린 대로 그런 일들이 되게 많았거든요. 그러니까 이게 참 공교로운 거예요.

홍영재 : 이때는 계엄 발표 나기 1시간 전이에요. 9시 20분쯤이니까.

여인형 : 그렇죠. 예.

홍영재 : 이런 경우가 흔한가요?

여인형 : 우리 부대는 사령관이 야근을 하면, 그러니까 기본적으로 제가 신빙성을 갖추기 위해서 좀 더 말씀드리면 무슨 해킹 건 해가지고 그런 게 하나 있었어요. 엄청나게 저희들 민감하게 아주 움직이고 있었어요. 그날 해킹 건이 있어가지고.

홍영재 : 사령관님 그 관련해서 계엄 관련 세부 지시 내리신 건 아니세요? 그날 저녁 9시.

여인형 : 생각해 보세요. 계엄 관련 세부 지시를 내렸는데 사람들이 거의 한 12시 반 돼가지고 영외거주자가 소집이 됩니까? 저희들 영외거주자 소집 완료된 게 한 12시 반 넘어서예요.

홍영재 : 근데 어쨌든 장성 분들은 저녁에 계셨잖아요. 소수의 인원이지만.

여인형 : 주요 장성은 걔네 둘밖에 없었는데 뭐. 해외 나간 사람 빼고, 수사단장도 집에 갔어요. 나중에 알고 보니까 대기 안 하고 있었더라고 수사단장도.

홍영재 : OOO 참모장, OOO 처장 모셔가지고 계엄 1시간 전인데 무슨 얘기 하신 거예요?

여인형 : 그런 얘기한 거죠. 해킹 건도 있고, 니들 이제 똑바로 해라. 아 맞아, 그 해킹 건 그거를 제가 오전에 장관님한테 보고를 드렸

어요. 그러니까 딱딱 맞는 거죠.

홍영재: 어쨌든 회의하신 건 사실이니까 밖에서 보기에는 어 이거 갑자기 문자 보내시고 대기하라고, 밤에 정위치하라고, 음주 회식 자제해라, 그리고 밤 9시에 그나마 계신 장성들 모여서 밤에 회의하시고, 1시간 있다가 계엄령이 선언이 되고 그러잖아요.

여인형: 그거를 이제 그렇게 맞추면 이제 공교롭게 그렇게 되는 거죠. 그러면 그렇게 따지면 그 전날 저는 휴가 갔다 왔지 않습니까.

홍영재: 그리고 그날 출동 당시에 제가 어제 여쭤볼 때 계엄 출동 이후에 좀 이거에 항의하거나, 반발하거나, 지시를 일부 따르지 않았던 부하들이 있었다. 사령관님은 없었다고 하셨는데.

여인형: 없었다기보다는 저는 보고받은 바가 없어요.

홍영재: 근데 이제 아마 내부적으로도 대통령 거부권에 대해서 이거 우리가 법률적인 우회로가 있는지 검토하라.

여인형: 검토하라고 한 적이 없다니까요. 그런 걸 왜 검토합니까? 방첩사는 옛날 저 조현천 뭐 이런 일(2018년 계엄 문건 사태)이 있어가지고 그런 일에 굉장히 민감해요. 사람들이 함부로 시키지도 않아요 그런 거는.

홍영재: 근데 위치 추적, 그러니까 그거를 또 경찰에서도 얘기한 게 있잖아요. 사령관의 전화를 받았다고.

여인형: 경찰은 이제 그 사람들도 그렇게 이해를 했겠죠. 왜냐면 제가 경찰청장한테 이런 분들 지금 위치가 어디 있냐, 위치 확인이 필요하다, 거기서 무슨 용어를 그렇게 아주 정갈하게 정리해서 안 쓰지 않습니까 그 급한 상황에서.

홍영재 : 아까 그 국회 정보위 나오시면서 잠깐 체포 명단 불러주신 거 홍장원 (국정원) 1차장한테 그거는 사령관님 지금 기억이 안 나시는 건가요?

여인형 : 기억이 안 난다기보다는 막 헷갈려 헷갈려 지금.

홍영재 : 근데 사람 이름을 부르셨다고 홍장원 차장은 주장하시잖아요.

여인형 : 그거를 메모를 장관님이 불러서 제가 메모해놓은 것 같은데 그 메모지도 없어요 지금. 다 그냥 옆에다 대충 써놔가지고 근데 이제 그거는.

홍영재 : 홍장원 차장님한테 "선배님 이거 도와달라. 위치 추적해야 됩니다." 이 얘기도.

여인형 : 그 얘기도 했을 수도 있고, 안 했을 수도 있고, 잘 모르겠어요 지금. 그건 수사하면서 밝히겠습니다.

홍영재 : 그런데 그 사이버사령부가 선관위에 들어가서 서버에 들어갔다고 하는데 방첩사는 가서.

여인형 : 찾지도 못했죠. 저희는 그 근처까지도 못 갔다 이렇게 보고 받은 것 같기도 하고. 그것도 이제 수사하면 다 나오죠. 근데 하여간에 저희는 아니에요.

홍영재 : 어떤 말씀인지 알겠습니다.

여인형 : 제가 그래도 군인이고, 물론 참 그때 신중하지 못하게 판단하고. 그래서 참 지금은 후회막급이에요. 다 죄송하고 미안하고. 근데 이제 와서 어디 방송 인터뷰 나가서 이러쿵저러쿵 얘기하고 싶지 않고요. 다만 이제 수사를 통하면 다 밝혀질 거고.

달리 표현할 말이 없다. 홍영재 기자의 질문은 지독하게 집요했다. 이로써 계엄 당일 방첩사령부가 정위치 근무, 음주자제 등의 지침을 내린 것은 최종적으로 확인됐다. 여인형 방첩사령관은 북한의 오물 풍선 도발에 대응한 행동이라고 설명했지만 그날 북한 오물 풍선은 날아오지 않았다. 합동참모본부에 조용히 물어봤더니 12월 3일 오물 풍선 관련 별도의 지침을 내린 적 없었다. 오물 풍선 대응 사령탑인 합동참모본부도 가만히 있었는데 방첩사령부가 오물 풍선 내려 올까봐 준비했다는 여인형 사령관의 강변은 앞뒤가 안 맞았다.

여인형 방첩사령관은 12월 3일 밤의 방첩사령부 수뇌 회의 사실도 인정했다. 야밤 수뇌 회의 참석자들이 윤석열 대통령의 계엄 선포 담화를 함께 TV로 봤고, 그때 처음 계엄을 알았다고 설명했다. 액면 그대로 믿을 수 없었다. 전현직 방첩사령부 장교들에게 문의한 바로는 근무 시간 외, 그것도 밤 9시 넘어 여는 수뇌 회의는 방첩사령부에 전례가 없었다.

여인형 방첩사령관은 북한 해킹 공격 사건 수사를 위한 수뇌 회의였다고 홍영재 기자에게 말했으나 역시 신뢰가 가지 않았다. 장관한테 오전에 보고한 사건을 놓고 갑자기 밤에 회의 할 이유가 어디 있단 말인가. 중대한 해킹 수사 회의라면서 정작 수사단장은 참석하지도 않았다는 것은 또 무슨 궤변인가. 계엄 대비 회의라고 보기에 부족함이 없었다.

여인형 방첩사령관은 계엄 대비 문건에 대해 전시 작전계획의 일환이라고 주장했다. 그의 주장을 곧이곧대로 들어주되 12·3 계엄 얼마 전에 방첩사령부가 계엄 문건을 만지작거렸고, 문건에 계엄의 장애물인 국회의 해제 의결권에 대한 대통령 거부권을 검토한 흔적도 있었기 때문에 보도의 필요성이 상당했다.

12월 3일 대령급 처실장의 전출입 신고식도 중요한 포인트였다. 여인형 방첩사령관은 '공교롭게도' 그날따라 일들이 많았다면서 그 중 하나로 전출입 신고식을 들었다. 방첩사령부의 중요한 행사이다. 방첩사령관의 지휘 지침을 받아 육해공군 각 부대로 내려가는 장교들이라서 방첩사령관은 마지막으로 대면 당부를 하고 악수도 한 번씩 해야 한다. 그래서 방첩사령부 창설 이래 대령급 전출입식은 한 번도 빠짐없이 방첩사령관이 주관했다. 12월 3일 신고식은 달랐다. 여인형 사령관은 그 자리에 없었던 것으로 우리 취재 결과 드러났다. 전통의 행사에 못 갈 정도로 여인형 사령관은 그날 바빴다. 여인형 사령관은 신고식에 안 갔으면서도 마치 간 것처럼 홍영재 기자에게 거짓말 했다. 계엄 정도 되면 신고식에 못 갈 이유가 충분히 된다.

이때부터 우리는 며칠간 방첩사령부 계엄 특집이라고 불러도

손색없을 정도로 방첩사령부 보도를 퍼부었다. 12월 7일 〈최소 6시간 전 지시…방첩사 수뇌부 야간 회의〉, 〈국회 해제 의결 시 '대통령 거부권'…방첩사 검토〉, 12월 8일 〈'충암파' 여인형, 중요 행사 불참하며 수차례 회의〉, 〈선관위 급파된 방첩사 대령들…전산실 서버 촬영?〉, 12월 9일 〈"대통령 지시, 선관위 가라…포렌식 장비"〉, 12월 11일 〈'주요 인사 감금' B-1 벙커…국방부 장관 되자 공사〉 등이다.

12·3 충암파 계엄의 막내 여인형 방첩사령관의 방첩사령부는 이 정도로 입체적인 접근과 분석이 필요했다. 관련자 육성 인터뷰의 유무는 기사의 가치를 판단하는 작지 않은 기준인데 우리의 모든 방첩사령부 기사에는 여인형 사령관의 생생한 육성이 들어갔다. 홍영재 기자가 여인형 사령관 전화 인터뷰를 충실하게 해놓은 덕을 톡톡히 봤다.

3. 대화술에 실토한 노상원

김용현 국방부 장관과 노상원 전 정보사령관. 이들은 12·3 비상계엄의 공동 기획자로 지목됐다.

| 베일 속 노상원과 첫 통화 |

12·3 비상계엄에서 가장 많은 관심을 받은 인물은 단연 노상원 전 정보사령관이다. 젊어서 명리학에 심취해 일찍이 이름을 노용래에서 노상원으로 바꿨고, 병아리에게 뱀을 먹여 키워 파는 뱀닭 장사도 했다고 한다. 부하 성추행 사건으로 불명예 전역한 뒤 점집을 운영한 전력도 기상천외하거니와, 예비역 신분으로 계엄의 결정적인 역할을 맡은 것도 이색적이었다. 노상원 전 사령관이 계엄 모의를 한 장소는 또 어떤가. 경기도 안산 상록수역 롯데리아! '버거 보살', '보살 계엄' 등의 조어로 12·3비상계엄이 희화된 것도 오롯이 노상원 전 사령관 때문이다.

모든 기자들이 노상원을 취재하고 싶어 했다. 하지만 거의 대부분 기자들은 노상원에게 접근조차 못했다. 게다가 노상원 전 정보사령관은 12월 10일부터 며칠 동안 이름이 회자 되는가 싶더니 12월 14일 체포됐고, 곧바로 구속됐다. 수사 당국이 아니고는 더 이상 가까이 다가갈 수 없는 사람이었다.

SBS 외교안보팀의 사정은 달랐다. 내가 노상원 이름 석자를 처음 들은 것은 12월 9일이다. 정보사령부 병력도 중앙선거관리위원회에 들어갔다는 기사가 나오자 정보사령부 소식통을 찾느라 여기저기 수소문하다 딱 떠오르는 사람이 한 명 있었다. 몇 달 전 정보사령부에서 발생한 장군들의 말다툼 사건을 취재하다 접촉했던 정보사 소식통! 군이 원래 취재하기 어려운 분야이지만 그 중에서 최고 취재 난도를 자랑하는 곳이 정보사령부인데 나에게 정보사령부 사정에 정통한 소식통이 있었다니. 천군만마를 얻었다.

그에게 대뜸 전화했다. 내 기사로 곤욕을 치른 적 있는 소식통이라서 한참 나를 혼냈다. 구박에 굴하지 않고 정보사령부의 계엄 상황을 물었다. 처음에는 주저하다가 듣고도 믿기 힘든 말들을 했다. 정보사령부가 1~2개월 전부터 계엄을 준비했고, 대북 특수요원 HID들이 2주 이상의 생활용품이 포함된 군장을 쌌다고 했다. 이들이 집결한 곳은 판교. '블랙'으로 불리는 대북 비밀 공작원들의 부대가 있는 곳에 정보사 HID 요원 수십 명이 계엄을 위해 모였다는 전언이었다. 요인 경호, 경비, 체포 등 계엄 상황관리 TF의 임무가 부여됐다고 했다. 사실이라면 초대형 기사였다. 크로스체크가 필요했지만 정보사령부의 높은 취재 난도로 불가능했다. 아깝지만 묵혀놓을 수밖에 없었다.

그날 소식통이 언급한 낯선 이름이 노상원이었다. 노상원은 7년 전 전역한 예비역 사령관임에도 이번 계엄 준비를 주도했다는 것이다. 노상원 전 정보사령관이 계엄을 총지휘했다 한들 문상호 정보사령관 등 정보사령부의 현직들은 전화, 문자 메시지, 텔레그램에 일절 답하지 않아 노상원의 실체를 파악할 수 없었다. 김용현 국방부 장관이 노상원 전 사령관을 모를 리 없겠지만 텔레그램 인터뷰 이후 김용현 장관과의 통신은 두절되다시피 했다. 저 멀리 구름에 가려진 험산처럼 느껴졌다. 일단 노상원 전 사령관의 전화번호만 받아뒀다.

12월 10일 국회 국방위원회는 전체회의를 열어 비상계엄 현안 질의를 했다. 계엄에 참가한 장교들이 무더기로 출석했다. 더불어민주당 박선원 의원이 문상호 정보사령관에게 "노상원 전 사령관을 아느냐?"고 들이댔다. 문상호 사령관은 "모른다."고 발뺌하다가 뒤늦게 "청와대에서 1년 정도 같이 근무한 적 있다."고 물러섰다. 노상원에 대한 더 이상의 정보는 나오지 않았다.

더불어민주당도 의심하는 것을 보면 노상원 전 정보사령관은 계엄의 핵심임이 분명했다. 12월 11일 오전 9시쯤 전화를 걸어 봤다. 신호가 두어 번 울리더니 전화를 받았다. "SBS 김태훈 기자입니다."라는 인사에 그는 별다른 거부감 없이 응대했다. 12월 3일 이후 김용현, 박안수, 여인형, 곽종근, 이진우 등 계엄군들은 전화를 받지 않았을뿐더러 받아도 곧바로 끊기 일쑤였는데 노상원 전 사령관은 달랐다. 아무렇지 않은 듯, 계엄과 아무 관계도 없다는 듯 태연하게 전화통화했다. 노상원 전 사령관은 거짓말들을 툭툭 던지면서 간간이 진실을 흘렸다.

〈노상원 전 정보 사령관 전화 인터뷰〉
2024년 12월 11일

김태훈: 이번 저기 우리 정보사 시끌시끌하지 않습니까. 속초 부사관들 20명인가 30명 왔다고 문상호 사령관도 인정을 했고.

노상원: 문상호 사령관은 그렇게 얘기 안 한 것 같은데요. 나도 유튜브 봤는데.

김태훈: 노 사령관님도 좀 같이 준비를 하셨다는 이야기가, 여러 사람들이 해가지고.

노상원: 아니, 난 예비역이고, 나 그날 시골에서 텔레비전 보고 있었어요. 그리고 내가 7년 전에 정보사령관 했지만 7년 전에 한 놈이 얘기하면 되겠습니까?

김태훈: 어제 김병주 의원인가 누구도 노 사령관님 이름을 이렇게.

노상원: 그 사람들은 알지. 왜냐하면 옛날에 김용현 장군 밑에서. (김용현 장군이) 비서실장 할 때 20년 전에 그 밑에서 정책과장이라고 총장실에 내가 근무를 했었어요.

김태훈: 맞아 맞아. 이번에 비서실 라인들 이야기를 하는 사람들이 있던데.

노상원: 그러니까 그게 무슨 상관이냐고 근무한 게. 그리고 기자님도 서로 인간관계에서 친하고 그런 거 있을 수 있잖아요. 그렇지 않습니까? 그리고 내가 알기로는 기자님도 김용현 옛날 그 양반 잘 아시잖아요?

김태훈: 커피도 안 마셔봤어요.

노상원: 김용현 장관 잘 알지 않아요? 김태훈 기자님도?

김태훈: 잘 몰라요. 저는 사실 오래되지 않아 가지고 다른 국방부 노땅들에 비해서.

노상원: 내가 7년 전이고, 속초 어떤 미친놈들이, 속초 속성을 아시는지 모르겠는데 거기는 HID라고 해서 특수 요원들이에요 특수 요원들. 이렇게 특수한 임무 받고 하는 놈들인데 그놈들이 저기 내가 오라고 해서 20명이 온다는 게 상상이 되세요?

김태훈: 그러면 좀 이제 그래도 잘 아시니깐, 어제 저기 이제 "후방교란, 사회 불안 조성 그런 거 하는 거 아니냐."라고 김병주 의원이 얘기하던데.

노상원: 걔네들이? 걔들 법 교육 얼마나 시키는지 아세요?

김태훈: 상황관리 TF라고 저는 얘기를 들었거든요.

노상원: 상황관리 TF가 뭐야 또.

김태훈: 그러니까 계엄이 시작이 됐을 때, 시작할 때는 선관위 가서 장악하고, 국회 장악하고 그거는 특전사 그쪽에서 많이 한 다음에, 그 다음 D+1, D+2, D+3 쭉 갈 거 아닙니까. 그 상황에서 계엄 상황을 관리한다, 요인 경호도 하고, 누구 체포를 한다거나 할 때도 쓰고, 그런 용으로 상황관리 TF다 이게.

노상원: 아니, 그런 요원에 그 머리 나쁜 HID를 쓴다고? 한번 생각해 보세요. 개들이 얼마나 머리 나쁘고, 허구한 날 내가 사령관 할 때도 싸움질 해가지고 법 교육을 얼마나 시켰는데. 속초 나와서 쌈질해가지고 애들 저 술 처먹으면 또라이야 또라이. 그래가지고 그 법 교육 해가지고 그렇게 하면 안 된다, 왜 안 되느냐. 그 다음에 법무관 시켜가지고 교육도 많이 시켰어요. 그놈들한테 상황관리를 한다는 게 상식적으로 말이 됩니까. IQ 적어도 150 이상 되는 놈들이 모여야지. 안 그래요? 논리적으로 보세요.

김태훈: 저기 707이나 그런 데도 아이큐 높아서 뽑는 건 아니잖아요.

노상원: 아니, HID는 더 나빠. 그야말로 무술 8단, 7단 이런 애들이 자원해서 입대해서 이렇게 금전적으로 좀 하고, 교육 훈련받고, 유사시에 적진에 들어가는 그런 임무죠. 그놈들이 무슨 상황관리를 해.

김태훈: 문상호 사령관이 부하 장군이랑 다툼이 있었고, 정보사 군무원 정보유출 사건도 있었잖아요. 문상호 사령관 원래 이 정도 됐으면 교체해야 되는 거 아니에요? 11월 25일 인사할 때?

노상원: 정보본부장한테 "이러이러한 일이 있다. 그래서 지휘조치를 해

달라." 보고를 했고. 굳이 보직해임을 한다면 신원식 장관 있을 때 나는 그 사람을 왜 보직해임 안 시키나 생각했는데 그 유출 건이 컸잖아요.

김태훈 : 군무원 정보유출 사건?

노상원 : 군무원이 뭐 해킹 그게 크지. 그게 지휘책임으로써 보직해임 감이지. 그렇지 않아요? 싸운 게 문제가 아니라 그 이후에 중국으로 유출시킨 것.

김태훈 : 블랙 정보가 유출되고 한 거는 지휘책임이 되어야 하니까.

노상원 : 지휘책임을 져야 될 상황이다.

김태훈 : 맞네요.

노상원 : 이제 문 사령관 입장에서는 "내 때 그런 것이 아니다, 과거에 한 것이다." 그게 이제 문 사령관 입장이지. 자기 때는 식별된 죄밖에 없지. 한번 거꾸로 생각해 봐요. 그게 문 사령관한테 식별이 됐잖아요. 그런데 일어난 행위는 아마 과거일 거예요. 그게 나도 거기서 사령관을 해봤지만 그런 위험성이 있어. 공작 하는 애들이 그래서 항상 관리를 여러 면에서 신경 써야 되거든. 돈, 여자 뭐 이런 거. 그런데 어쨌든 결론이 그렇게 됐으니까 나는 보직해임 될 줄 알았어요. 근데 안 되더라고.

김태훈 : 그래서 그러니까.

노상원 : 안 된 이유가 이제 뭐 또 이놈 저놈 다 잘라버리면 남아있는 그 조직을 어떤 놈이 그 수습을 할 것인가. 그런 측면에서 아마 고려를 한 것 같더라고 국방부에서. 그리고 이제 그 사람 임기가 이제 1년 지나고, 통상 정보사령관은 2년씩 하거든 통상. 나는 1

3. 대화술에 실토한 노상원   53

> 년밖에 못 했어요. 한민구 장관이 있을 때 잘려가지고 777로 갔어요 미움 받아가지고. 그런데 어쨌든 2년씩 하니까 그래서 내년 4월쯤에 아마 교체를 자연스럽게 하려고 하는 모양이다. 수습을 시키고. 그 공작부대 완전히 골 때리게 됐는데 잘 모르는 놈이 와서. 예를 들어서 보병이 와서 수습한다 그러면 좀 어렵잖아요. 그리고 정보는 장군이 몇 명 안 돼요 소수 병과라. 그리고 그런 데에 대해서 전문성 있는 장군도 많지 않고, 그래서 그런 배려를 했나 그런 생각을 내가 했었어요.
>
> **김태훈:** 그렇네요.
>
> **노상원:** 그런데 나 그런 거 관계없고, 비서실 20년 전에 박흥렬 총장님 모셨다. 그게 무슨 죄냐. 그리고 7년 지난 정보사령관이 무슨 놈의 저게 있어가지고, 한번 거꾸로 생각해 봐라. 그 말을 듣겠느냐. 여인형 밑에 뭔가 수사단장이라나 뭐라나 B-1 문서고 어쩌고, 수방사 소리 줄줄줄 다 불더만. 군인들 아주 의리 있어. 그런데 내가 무슨 속초 그 꼴통들을, 아휴 걔들이 얼마나 무식한데. 그 애들이 무슨 상황관리를 해요. 머리가 얼마나 나쁜 애들인데.

자신은 계엄과 전혀 상관없다고 단언했다. HID는 상황관리 TF를 할 정도로 영민하지 않다며 폄하했다. 속초에서 음주 사고를 많이 쳐서 법 교육 시키느라 진땀 뺐다고도 했다. 계엄은 TV를 보고 알았고, 집에서 12월 4일 새벽까지 TV만 봤다고 우겼다. 여기까지는 거짓말이고, 다음 이야기들은 진실이다. 김용현 국방부 장관이 육군 참모총장 비서실장을 맡던 시절, 노상원 전 정보사령관은 그 밑에서 정책과장으로 일했다고 했다. 문상호 정보사령관이 정보사 기밀유출 사건으로 인사 조치될 위기였지만 문상호 사령관 임기 전에 발생한 일이라서 무탈했다고 평가했다. 7년 전 정보사령부를 떠난 예비

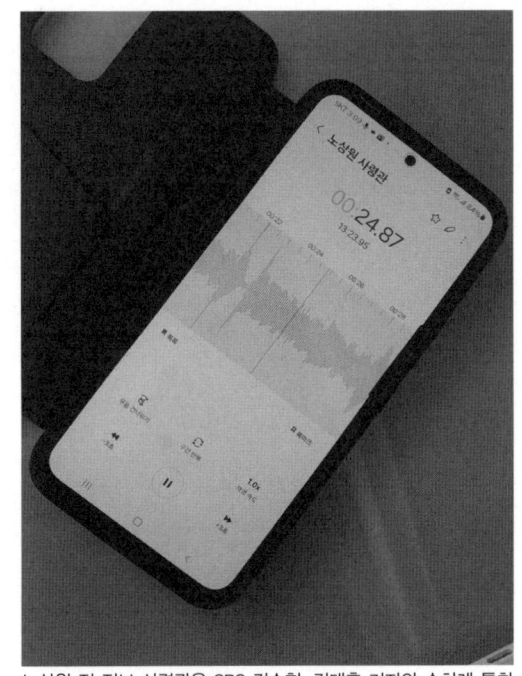

노상원 전 정보 사령관은 SBS 김수형, 김태훈 기자와 수차례 통화하며 계엄의 내막을 실토했다.

역이 정보사령부 내부 이야기를 정확하게도 안다는 느낌이 들었다.

노상원 전 정보사령관 첫 통화에서 가장 특이했던 점! 그는 유튜브를 애용했다. HID 동원 숫자를 이야기하며 "유튜브 다시 봐 보라."고 할 정도로 노상원 전 사령관은 유튜브에 많이 의존하는 듯 했다. 나중에 추가로 나오지만 노상원 전 사령관은 부정선거 음모론도 유튜브로 공부했다.

3. 대화술에 실토한 노상원 55

13분 간의 첫 통화. 노상원 전 정보사령관은 이실직고하지 않았다. "김 기자 기사 많이 봤어요. 응원합니다."라며 능란하게 사람을 쥐락펴락하는 품새가 보통이 아니었다. 별 성과 없이 지쳤다. 방첩사령부, 정보사령부, 특전사령부 기사로 정신없이 바쁜 이틀을 보냈다. 12월 13일 금요일 오후 외교안보팀장인 김수형 기자가 뜬금없이 노상원의 전화번호를 달란다. 계엄 기사 발제하랴, 데스킹하랴 팀장 업무로 눈코 뜰 새 없을 텐데 직접 노상원을 공략하겠다고 나섰다.

| 인터뷰 '꾼'에게 걸려든 노상원 |

김수형 기자가 누군가. 워싱턴 특파원 시절부터 한국 이슈와 관련된 세계 유명 인사들을 섭외해 속 깊은 이야기를 끌어내고 있는 인터뷰의 대가이다. 어지간한 거물들도 김수형 기자에게 걸리면 싹 다 털린다. 반신반의하며 노상원의 전화번호를 넘겼다. 12월 14일 토요일 오후 모처럼 쉬고 있는 중에 김수형 기자의 전화가 걸려왔다. 노상원 전 정보사령관과 통화했는데 엄청난 말들을 하더라는 것이다. 노상원 전 사령관도 인터뷰 대가한테 제대로 걸려들었구나 싶었다. 노상원 전 사령관이 김수형 기자에게 털어놓은 말들은 다음과 같다.

〈노상원 전 정보사령관 전화 인터뷰〉
2024년 12월 14일

김수형: 민주당에서 사령관님 얘기를 해서 좀 어떻게 된 일인지 좀 말씀 좀 여쭤보고 싶어서요.

노상원: 아니, 우선 내가 누군지도 모르겠고, 내가 그거 조사받았는데, 참고인 조사 그것이 유출된 것 같은데 자기들 입맛에 맞게 이렇게 각색해서 썼더만.

김수형: 어떤 점이 각색이 됐다고 생각을 하시는 거예요?

노상원: 구체적으로 내가 얘기해 봐야 서로 대응되고 그러니까, 사실이 아니니까 상관없어요. 그날 하루 종일 안산에, 숙소에 있었는데 뭐.

김수형: 김용현 장관하고 통화를 자주 하시긴 하셨나 봐요.

노상원: 그건 당연히 과거에 인간관계가 있고, 서로 친분 관계가 있으니까 통화는 할 수 있지. 통화는 했고, 통화도 했다고 내가 진술도 했어요.

김수형: 계엄 관련해서는 얘기를 안 하셨나요?

노상원: 그런 얘기는 안 했어요. 그거 뭐 어쩌고저쩌고 나오는데 내가 조사받을 때도 그냥 내 일반 텔레그램이나 이런 것도 아니고. 그냥 전화로 내가 만약에 찝찝하고 그랬으면. 그 당일 1시 40분인가 50분인가 "왜 이렇게 무모한 짓을 했냐."고 내가 전화했다고. 진화했다고 그랬어요 조사받을 때.

김수형: 당일 새벽에요?

노상원 : 새벽.

김수형 : 그랬더니 반응이 어때요?

노상원 : 한숨을 막 쉬셨지.

김수형 : 검찰에 나가셨던 거죠?

노상원 : 뭐야 특수본이라고 하던데 경찰 특수본.

김수형 : 아 경찰들 특수본. 그리고 HID가 계엄에 들어가서 한 거는.

노상원 : 그건 나하고 관계없는 거고, HID가 물론 뭐 하는지 알지만 그건 보안상 내가 거기 사령관까지 한 사람으로서 얘기할 수는 없어요. HID는 나하고 관계없어. 내가 15년 말에 가서 16년 말 1년 정보사령관이었는데 한번 생각해 보세요 7년 지났는데.

김수형 : 그렇군요. 근데 이게 왜 이렇게 얘기가 나왔을까요?

노상원 : 누군가가 제보를 했겠지 엮어서. 그리고 김용현 장관하고 나하고 워낙에 이제 돈독한 관계라는 건 군에서 장성이면 어지간한 놈은 다 알아요.

김수형 : 그렇군요. 그러니까 당일 동선이나 이런 거에 있어서 자신이 있으시기 때문에 전혀 문제될 게 없다는 말씀이신 거잖아요.

노상원 : 그렇죠. 당일 새벽에 만났다는데 뭘 만나. 그리고 내가 만나려면 국방부 가야 되는데 국방부가 그렇잖아요. 내가 국방부 출입증 있어? 신분증 내고서 새벽에 들어갔다? 그러면 대번에 나오지. 거기 조사하면 금방 나올 것 같은데. 그래가지고 나 자신 있게. 그래 그러면 너희는 뭐 자기들 입장에서 하나라도 잡아야 되니까 이렇게 하는 모양이다 생각하고, 보고 있어요. 그리고 또

그때 수사 받을 때도 추가로 의심이 되면 더 부르겠다고 하더라고. 그러시라고 했어요. 내가 뭐 물어보는 거 다 답변했고.

김수형: 이번에 방첩사는 사실 선관위에 결국 안 들어갔는데, 정보사는 정말 군인들이 막 들어가고, 그래서 도대체 문 사령관하고 김용현 장관하고 어떤 관계냐 이런 얘기가.

노상원: 그러니까 민주당에서는 이제 내가 문 사령관한테 이렇게 해서 한 것처럼 얘기를 하는데 1년밖에 지휘 관계를 갖지 않았고. 문 사령관하고 장관과의 관계는 나는 모르지. 그리고 장관이 안보폰으로 직접 지시를 하면은 그건 알 수가 없는 거잖아요. 그리고 한번 생각해 보세요. 장관이 자기가 임명한 문 사령관인데, 자기 부하인데 날 통해서 그렇게 할 필요가 뭐 있어요. 직접 전화하면 되는데. 내 부하도 아니고. 난 끝나고 7년 지난 놈이고. 김 장관이 나한테 이제 물어봤던 거 그런 것들은 다 진술을 했어요.

김수형: 어떤 거 물어봤어요?

노상원: 아니, 뭐 일반적인 거야. 자기가 유튜브 보면 국회에 나와서 이렇게 했는데, "박선원 의원이 이렇게이렇게 뭐 어쩌고저쩌고 했는데, 내가 이렇게 했는데." 그걸 유튜브를 보여주더라고. 보내주면 내가 보고 "이런 점은 좀 너무 강하다, 이런 점은 좀 고치는 게 좋겠다." 그러면 "반향은 어떤 거냐? 국민들은 어떻게 생각하냐? 예비역들은 어떻게 생각할까?" 그래도 내 친구들 또 자식들한테 물어봐서 "너희들이 보기에 어떠니?" 이런 거 또 물어보고. 옛날에 근무할 때도 이제 정책적인 분야를 내가 많이 담당을 했었어요. 그래서 이제 그런 본인이 이제 필요하다고 해

서 정책적인 분야를 많이 물어봤고, 그래서 그런 거에 대해서 내가 답변을 해준 거예요.

김수형 : 유튜브라는 게 정확히 어떤 유튜브입니까?

노상원 : 자기 국회 가서 답변한 거 찍은 거 있잖아요.

김수형 : 장관이 답변하는 거.

노상원 : 장관이 답변하는 거. 그걸 보고 이제 "객관적인 평가를 해달라. 그리고 고칠 점이 뭐냐?" 그리고 왜냐하면 군인들한테도 이게 보니까 "수장으로서 내가 어떤 모습을 갖추는 게 좋겠냐?" 그런 거를 이제 물어보고 그랬었지.

김수형 : 그런 거에 대한 피드백 의견을 주셨다는 취지군요.

노상원 : 그렇죠. 그리고 이제 나는 그 양반한테 뭔 상황인지 모르기 때문에 전화를 안 했고, 자기가 필요할 때 이제 전화가 왔었지. 텔레그램이나 이런 걸로 왔었지.

김수형 : 발언이 굉장히 세셨잖아요 김용현 장관이.

노상원 : 그래서 내가 "좀 완화해서 하는 게 좋겠다. 또 국민들 입장에서, 눈높이에서 이렇게 보면은 너무 강성으로 나가면, 잘못하면 탄핵을 당한다." 그런 얘기도 했고. 뻑하면 탄핵되니까 잘못하면 탄핵당할 수 있으니까. 그리고 또 이제 물론 "군의 수장으로서 당당하고 의연한 모습을 보이는 것은 좋으나 너무 뻣뻣하게 해가지고 국방비가 깎이면 장병들한테 손해 아니냐. 초급 간부 특히. 그래서 필요한 의원들한테 가서는 독대를 하든지 해가지고 '초급 간부 이런 거 하려면 이것 좀 해주셔야 됩니다.' 라고 개별적으로 이렇게 가서 좀 읍소를 해라. 어쨌든 예산을 따야지 이

런 것이 해결되지 않느냐?" 그런 정책 조언을 했죠.

김수형 : 주변 분들한테 그냥 확 쓸어버려야겠다, 계엄 한 번 하지 뭐 이런 얘기를 대통령도 하시고, 장관도 하시고 그랬다는 얘기들이 이제 말이 들리고.

노상원 : 모르겠어. 나한테는 그런 말씀은 안 하셨고. "좀 답답하다. 도대체 어떻게 이 난국을 해결해야 될지 모르겠다. 잘못되면 촛불 이거 또 해가지고 박근혜처럼 또 윤 대통령도 탄핵당할 것 같다." 그런 위기감 그런 얘기는 했고. 그래서 이제 "시대가 바뀌었으니까 어떻게든지 좀 이렇게 노력을 해서 극복을 해야 된다." 그런 얘기를 서로 얘기한 건 맞지.

김수형 : 대통령이 탄핵당할 것 같다고 그런 위기감을 느끼셨어요?

노상원 : 실제로 대통령, 윤 대통령 탄핵을 한다고 맨날 민주당에서 했었잖아 계엄 전에도. 그다음 맨날 데모하고 그러니까 표가 이제 8표인가 밖에 안 남으니까. "탄핵을 자꾸 할 거 같은데 또 몇 명이 배신자가 나오면 탄핵이 되면 직무정지가 되는데, 그러면 또 박근혜처럼 그런 식으로 또 되면 또 이걸 또 어떻게 해야 되느냐?" 그런 고민을 많이 하시더라고.

김수형 : 혹시 대통령 관련해서도 얘기를 좀.

노상원 : 그런 얘기는 내가 들은 건 있지만 그건 얘기하기가 곤란해요. 왜냐면 V에 대한 거고, 적합하지 않은 것 같습니다. 왜냐하면 말씀은 하셨어요 뭘 고민하시는지. 계엄은 아니야. 그냥 그거 좀 "자기가 열심히 하는데 잘 안 알아준다." 그런 고민도 했고. 그렇지만 그걸 김용현 장군이 얘기했다고 내가 그걸 쫄쫄쫄쫄 얘기하는 건 적합하지 않은 것 같습니다.

| 원점타격·선관위를 논하다! |

김수형 기자와 노상원 전 정보사령관의 첫 통화에서 노상원 전 사령관은 계엄 모의를 부정했다. 그렇다고 계엄에서의 역할을 유추할 수 있는 단서들까지 모두 숨기지는 못했다. 국회의 계엄 해제 의결 직후인 12월 4일 새벽 1시 40분쯤 김용현과 통화했다는 놀라운 사실을 고백했다. "왜 이렇게 무모한 짓을 했냐."고 타박했다고 했지만 그 시간에 통화했다는 것은 두 사람의 관계가 대단히 깊다는 결정적 증거이다. 김용현 국방부 장관이 국방부 장관, 대통령에 대한 탄핵을 걱정하며 노상원 전 사령관과 상의한 점도 눈에 띄었다. 이 정도의 대화를 나눌 정도면 계엄도 함께 기획했을 것이란 확신을 기자는 가질 수밖에 없다. 김수형 기자가 다음 날 다시 노상원에게 전화했다.

〈노상원 전 정보 사령관 전화 인터뷰〉

2024년 12월 15일

김수형 : 제가 좀 한 가지 좀 궁금한 게 있어서. 그날 계엄 벌어지고, 다음 날 새벽에 김용현 장관이 사령관님한테 직접 전화를 하신 거 잖아요?

노상원 : 그거 내가 수사 받을 때 진술한 거야. 전화 했어 끝나고 나서.

김수형 : 그러니까 그 급박한 상황에 김용현 장관은 사령관님한테 왜 전화를 했을까요?

노상원: 아이 그 계엄 때문에 그런 게 아니겠지. 허탈해서 그랬는지, 아니면 뭐 내가 해서 했는지, 내가 발신을 넣어서 했는지 모르겠는데, 어쨌든 국회 끝나고 나서, 국회 뭐라 그래, 계엄 해지인가 뭔가 의결하고 나서 내가 아마 발신 했는데, 했는지 어쨌는지 모르겠는데, "내가 왜 이렇게 무모한 짓을 했느냐?" 그렇게 얘기를 했다고 그랬지 진술을. "이게 말이 되느냐? 이거 어떻게 다 수습하려고 그러느냐? 이거 이제 한두 놈 문제되는 게 아닌 보수 괴멸로 이어질 건데 이제 어쩌자고 이러셨냐?" 그런 얘기를 했다고 했어요.

김수형: 네 그렇군요. 검찰 쪽에서는 장관이 사령관님한테 전화를 한 걸로 이해를 하고 있던데.

노상원: 아니, 그러니까 내가 먼저 발신을 내가 먼저 했는지, 아니면 그쪽에서 전화를 줬는지 모르겠는데, 이제 그 양반이 아마 어쨌든 전화가 와서 내가 받은 것 같아 보니까. 그러고 나서 한 한두 시간 있다가 내가 다시 전화를 해서 저기 뭐야 "어떻게 하실 거냐?" 그러니까 한숨만 푹푹 쉬길래 "힘 내십시오.", 그리고 "죽으라는 법은 없으니까 살 길을 찾아야하지 않습니까." 그런 식으로 통화를 하고, 나는 그날 그러고 나서 이제 텔레비 보다가 잤지. 그날 보도 보면 새벽에 김을 만난 걸로 추정된다고 그러는데, 난 그날 있었어요 집에.

김수형: 수사기관에서는 그 급박한 순간에 사령관님이랑 통화를 했다는 게.

노상원: 급박한 상황이 아니지. 이미 의결돼서 종 쳤는데 뭐가 급박해. 의결돼서 종 쳐서 허탈해서 전화한 거지. 생각해 봐. 그거 거꾸로 생각해 보라고. 그 사람들 입장에서 자신 있어서 했겠지. 그

런데 그게 어쨌든 뭐 좀 쳤잖아요. 그러니까 이제 허탈하니까. 아마 내가 전화를 넣든지, 텔레그램으로 전화를 넣든지 그랬을 거야. 아마 계엄 전에 넣은 게 아니고, 그 상황을 보고 곧 있으면 뭐 이렇게 방망이 두드릴 것 같더라고. 그래서 내가 안 할까 하다가, 그리고 이 상황에서 전화해봐야 뭐 하겠나 그랬는데. 아마 이제 어딘지는 잘 기억이 안 나는데 발신이 있으니까 허탈해서 나한테 전화했겠지. 그래서 "아니, 어떻게 하실 거냐?"고, "왜 이렇게 무모하게 하셨냐?"고, "이게 말이 되냐?"고, 그리고 "평생을 작전을 하신 분인데 왜 그런 판단을 못 하시냐?"고.

김수형 : 김용현 장관은 대통령이 탄핵될 걸 좀 걱정을 많이 하셨다 그랬잖아요.

노상원 : 그래서 그 이런 걸로 탄핵이 아니고 뭐야. 그때 왜 대통령을 탄핵시키려고 김건희 여사는 특검하고, 장관도 탄핵하려고 했었잖아 국방부 장관하고. 그리고 이제 또 저기 뭐야 먼저 장관을 탄핵하고, 오른팔을 자르고 대통령을 탄핵을 하면 이제 여론몰이를 해서 김건희 수사 들어가고 뭐 어쩌고저쩌고 해가지고 엮어서 탄핵을 하려고. 옛날에 촛불 그런 것처럼 그런 우려를 많이 하더라고. 그래서 자기가 "탄핵 되면 안 된다." 그래서 내가 "국회 가서 좀 공손하게 하라. 그리고 초급간부 뭐 그런 것도 장관 첫 작품인데 어쨌든 예산 통과 안 되면 꽝이니까, 가서 민주당 의원들한테 가서 고개를 숙이고, 뻣뻣하게 해서 이로울 게 없다. 고개를 숙이고 잘 호소를 해서 기본급 올려주고, 어쩌고저쩌고 이렇게 약속했던 것들을 하나라도 이행을 해야 영이 서지 않겠느냐?" 그런 얘기했지.

김수형 : 그러니까 그렇게 장관이 먼저 짤리고, 그다음에 대통령을 탄핵할

것에 대한 그런 전체적인 걱정을 말씀하시는 거죠 김용현 장관이?

노상원 : 그렇지. 이제 실제로 국방부 장관 탄핵이 인터넷에 떴어. 그러니까 이제 그런 거를 자기를 탄핵한 이유가 과연 국방부 장관을 탄핵하는 것이 아니고, 윤을 고립시키기 위해서 이렇게 탄핵을 하는 것 같다. 그리고 감사원장도 탄핵하고, 왜 또 중앙지검장도 탄핵하고.

김수형 : 일설에서는 저기 김용현 장관이 탄핵을 하기 전에 계엄을 해야겠다. 그래서 좀 급하게 날짜를.

노상원 : 그건 나는 모르지. 그건 그런 얘기는 안 했고. 나한테는 이제 그런 말씀은 없었어요. 다만 "쟤들이 나를 탄핵을 한다면 내가 어떤 논리로 대응을 해야 될까?" 그래서 "이제 좀 발언을 좀 부드럽게 하자." 그다음에 "예를 들어서 이제 오물 풍선으로 계속 공격을 한다고 그래서 그거를 좀 극단적인 조치를 하면은 안보 불안을 조성해서 오히려 남북관계에 해악을 끼치고, 국민 불안을 조성하는 위험한 장관이다. 그래서 탄핵의 명분을 줄 수 있다. 예를 들어서 원점을 타격한다든지 그러면 그 안보 불안을 조성해서 전쟁 상황을 유발할 수 있고, 국민한테 불안감을, 공포감을 조성하니까 탄핵 사유로 빌미를 주는 것이다. 그래서 오물 풍선 같은 것이 만약에 계속 저쪽에서 공격하면 우리는 오물 풍선을 똑같이 만들어서 하든가, 아니면 전단 공격 있잖아요 전단. 옛날에 하던 거, 민간인들도 하니까, 탈북자들의 그런 방법을 써야지. 어떤 군사적 조치로는 적합하지 않은 것 같다. 왜냐하면 탄핵의 빌미가 되고, 그랬을 때 설령 원점을 우리가 타격하면 저쪽에서 반대급부가 있는데 연평도 같은 데 예를 들어서 포 때려버리면 그다음에 우리는 어디 평양 때리냐. 그럼 전쟁 나는데.

그럼 이건 맞지 않는 논리다." 그런 이제 나의 의견으로 얘기를 해드린 거지.

김수형: 근데 대통령에 대해서 원망은 안 해요?

노상원: 그런 건 없었어. 대통령에 대한 충성심은 항상 분명히 했고, 나한테 말씀하셨던 것은 "해외에 나가서 그 고생하고, 국내에서도 하려는데 대통령이 할 수 있는 게 없다. 예산을 하려면 다 안 주지. 그다음에 여론을 아무리 자기가 노력을 하고 진정성 있게 해도 도대체가 여론도 이게 실제 여론인지, 조작하는 여론인지 모르겠지만 이게 제대로 나오는 것이 아닌 것 같다. 박근혜 대통령보다, 이명박 대통령보다 더 열심히 하고 10시간 일을 해도, 오줌 누러 갈 시간도 없었다. 그런데도 이런 평가를 받는 게 너무 억울하지 않느냐?" 그런 말씀을 많이 했지. V에 대한 충성심은 분명했어.

김수형: 그 부정선거에 대해서도 그렇게 관심이 많으셨어요 원래?

노상원: 이건 몇 번 언급을 하셨는데 나도 사실 그런 부분에서 공부를 좀 했고, 내가 이제 저기 뭐야 나도 예비역이니까 안보 포럼 이런 거 있잖아요. 대수장이라고 대한민국 장성의 모임 있어, 수호하는 장성의 모임 회원인데 그런 데서 이제 부정선거 관련해서 나도 강의도 듣고 했었어요. 나도 이제 인터넷 찾고 많이 공부도 하고 했었지.

김수형: 그래도 너무 궁금해서요. 저는 그 부분이 해결이 안 돼서. 부정선거 공부하셔서 이게 문제가 있다고 느끼셨어요?

노상원: 아니, 내가 문제가 있다고 느끼고 안 느끼고는 인터넷 같은 거 공개 정보 그거를 보고 이제 많이 찾아봤지, 나도 찾아보고, 이

제 김 장관도 부정선거에 대해서는 여러 가지 제보도 이제 그랬다고 하더라고. 그런데 그 부분에 대해서는 이제 사실관계가 확인이 안 됐으니까 내가 정확하게 예스 노를 얘기 못하겠네. 나는 공부를 한 건 맞아요.

김수형 : 어떤 제보를 받았대요 김용현 장관은?

노상원 : 모르죠 그거는.

김수형 : 그래서 선관위 서버를 털어와서 확인을 해봐야겠다 라는 그런 취지인 거죠.

노상원 : 어떤 논리적 추론은 그렇게 가능하지. 그리고 부정선거에 대해서도 V하고 이제 상당한 공감대를 가진 것 같더라고 얘기하는 거 보니까. 예를 들어서 전산 그 부분에 대해서 한 번 국정원에서 해서 보고를 받았는데 완전히 엉터리고. 그것도 선관위에서 반대 해가지고 서버 일부만 자기들이 복제해 준 걸 가지고 조사를 했대. 선관위 본체는 하지도 못했대. 자기들이 준 샘플을 갖고 했대 샘플. 그런데도 그렇게 문제가 많이 나왔다고 그러더라고. 1, 2, 3, 4 하고, 뭐 어쩌고저쩌고 얼마든지 해킹이 가능하고, 외부에서 조작이 가능하고, 그런 식으로 이제 국정원장한테 보고를 받았다 그런데. 이제 다른 계통으로 또 어떤 보고를 받았는지 나는 구체적으로 몰라. V 본 적이 없어서.

김수형 : 그러니까 그래서 지난 총선이 사실 민주당이 그렇게 크게 이길 게 아니었다 라는 결론이었다는 거죠?

노상원 : 그렇게 추론이 되는 긴데 부정신거에 대해서는. 그 양반이 여러 말씀을 이제 나한테 하셨지만 내가 "증거가 있느냐? 그 다음에 선관위인데 무슨 방법이 있느냐? 그래서 만약에 한다면 선관위

에서 고발을 해야 된다. 우리가 선관위를 고발하면 소용이 없다. 왜? 증거 부족해서 각하되니까. 그래서 선관위가 선관위를 전산 부정을 해서 모욕을 줬다 해가지고 선관위가 고발을 하면? 그러면 그래? 그 전산이 문제가 있는지 없는지 확인해야 될 거 아니야? 검찰이 그러면 그 이전에는 까지지 않는다. 그리고 어쨌든 헌법기관이라고 그 테두리 안에 있는데 그것을 그냥 하기가 쉽겠냐? 하려면 민주당이 여야가 합의해서 한다든지, 또는 헌법소원을 내서 그것을 헌재에서 이런 국민적 의혹이 충만돼 있으니 까쇼. 이런 명령이 떨어지지 않고서는 할 수가 없는 부분이다. 그래서 만약에 선관위가 고발을 한다면 깔 수 있을 것이다. 검찰이 그러나 그 외의 방법으로는, 물리적인 방법으로는 할 수가 없을 것이다." 그렇게 얘기했지.

김수형 : 그렇군요. 이번 계엄을 한 게 선관위 때문에 한 거예요?

노상원 : 선관위를 제일 먼저 들여보냈다며 정보사가. 그러니까 얼마나 다급했으면 선관위부터 제일 먼저 투입 지시를 했겠어? 방첩사는 가지도 않았다고 그러더라고 언론에 보니까. 대기해서 법률 검토하고 그랬다며. 그러니까 이제 거기를 먼저, 만약에 어떤 계엄이나 이런 것이 걸리면 선관위를 폭파하거나, 서버 아니면 서버를 들고 튀거나, 증거를 없애거나 이럴 우려가 있다고 판단했으니까 거기를 가서 지키고 있으라고 했겠지. 그렇게 논리적으로 추정이 되는 거잖아. 그 몇 분 내로 들어갔다며 대기하고 있다가. 그러니까 그렇게 추정이 된다고 봐요 나도.

김수형 : 김용현 장관은 뭐라고 얘기를 했어요 선관위 관련해서는?

노상원 : 김용현 장관님이 우선 선관위에서 뭐라고 했나. 그런 건 내가 말할 그게 안 되고.

김수형 : 아니, 그래도 부정선거 관련해서.

노상원 : V께서 언급을 하셨잖아요. 내가 볼 때는 V가 언급할 때는 그만한 확신과 근거가 있으니까 했겠지. 그냥 국민 앞에 헛소리하지는 않았을 거라고 생각이 듭니다.

김수형 : 김용현 장관이 대통령이 뭐라고 한다고 그래요? 이게 좀 이해할 수 있는 단서가 있나 싶어서요.

노상원 : 어떤 측면에서?

김수형 : 그러니까 대통령이 토로하고, 하소연하고.

노상원 : 그거는 나는 모르지. 그러니까 김 장관이 자기가 주로 경호처장 할 때 모시고 다녔잖아. 근데 해외에서 그 고생하는데 국내에 들어오니까 MBC인가 뭐 날리면 인가 뭐가 해가지고 시끄럽기 시작하고. 그 다음에 또 언론에서 열심히 하는 건 하나도 안 나오고, 이렇게 꽈서 하는 거 있잖아 비꼬는 거, 그런 거만 나오고 그러니까. 이제 많이 좀 "내가 아무리 국민한테 열심히 하고 싶어도, 내가 이렇게 노력을 하는데도 도대체 발목이 잡혀가지고 뭘 할 수가 없다." 그런 입장을 가끔 이제 토로를 많이 하더라고 김 장관이. "자기가 옆에서 봐도 참 애처롭다, 저렇게 열심히 하는 사람이 없는데." 그 얘기는 몇 번 했지.

노상원 전 정보사령관은 계엄에 개입한 적 없다면서도 국무회의 의결로 계엄이 종결되기 전인 12월 4일 새벽 1시 대와 3시 대에 김용현 국방부 장관과 통화했다. 야당이 윤석열의 '오른팔' 김용현 장관을 탄핵하면 윤석열 대통령이 탄핵 위기에 몰린다고도 했다. 노상원 전 사령관은 윤석열 대통령, 김용현 장관과 마찬가지로 부정선거를 믿었고, 계엄군 중앙선거관리위원회 작전의 속사정에 대해서도 정통했다. 계엄의 혼란을 틈타 반국가 세력이 중앙선거관리위원회 서버를 탈취할까 봐서 계엄군이 급히 중앙선거관리위원회에 들이닥쳤다는 노상원 전 사령관의 말은 김용현 장관의 생각으로 들렸다.

가장 놀라운 것은 민간인인 노상원 전 정보사령관과 김용현 국방부 장관이 민감한 대북 작전인 원점 타격을 논의했다는 점이다. 노상원 전 사령관은 "우리가 먼저 북한 오물 풍선의 원점을 타격하면 북한은 연평도 포격 같은 대응을 할 테고, 그 이후 우리는 평양을 타격하는가."라며 우려했다고 주장했다. 국방부 장관이 민간인과 원점 타격과 같은 초민감 군무를 논의한다? 이 자체로 불법이다. 계엄과 연결하면 외환 유치, 즉 북풍을 유

노상원–김용현의 원점타격 논의를 밝힌 SBS의 단독기사.

도해 전시, 사변의 조건을 조성하려는 의도로도 풀이된다. 큰일 내려고 작정을 했구나 싶었다.

노상원 전화 인터뷰의 첫 보도는 12월 15일 SBS 8뉴스 중 〈"김용현 '오른팔 나를 자르고 대통령도 탄핵할 것'"〉 기사였다. 그때까지만 해도 노상원 전 정보사령관은 체포나 구속되지 않은 자유로운 몸이었기에 우리는 조심했다. 노상원 전 사령관의 신분을 김용현 국방부 장관 최측근 예비역으로 숨기고, 목소리도 변조한 채 기사를 준비했다. 뉴스 시작 1시간 전쯤 속보 하나가 타전됐다. 노상원 전 사령관 긴급 체포! 우리 팀은 노상원의 이름을 공개하고, 음성변조도 풀어서 보도할까 고민하다가 일단 기존 기사를 그대로 내보내기로 결정했다.

기사가 나가자 "김용현의 측근이 누구냐."라는 타사 기자들의 문의가 쇄도했다. 익명 음성변조 기사가 제대로 먹혔구나 싶었다. 다음 날인 12월 16일부터는 음성변조 않고, 실명도 그대로 내놓은 채 노상원 기사를 연속보도했다. 12월 16일 〈'긴급체포' 노상원 "부정선거 증거 없앨까봐"〉, 12월 17일 〈"두 달 전부터 계엄 임무…2주치 짐 쌌다"〉, 12월 18일 〈"김용현과 거의 동급"…계엄 '총지휘' 정황〉, 12월 19일 〈"김용현이 '노상원 지시가 내 지시'라고 해"〉, 12월 20일 〈"평양 때리면 전쟁인데?"…'원점 타격'도 협의〉 등이다.

아무도 확보하지 못한 노상원 인터뷰를 독점 보도한 것이라서 반향은 컸다. 보도가 나가면 더불어민주당 의원들은 뉴스나 유튜브에 출연해 "노상원이 SBS에 실토했다."며 노상원의 발언을 논했다. 경찰에 잡혀간 노상원과 접촉할 수 없는 다른 매체들은 SBS 보도를 그대로 인용해 보도했다. 노상원 전 정보사령관에 대한 관심은 더욱 커졌다.

노상원 전 정보사령관이 내란 혐의로 구속 기소된 이후 2025년 1월 5일 서울중앙지검 모 검사로부터 전화가 왔다. 그는 나에게 SBS가 확보한 노상원 전 사령관의 녹취를 요구했다. 노상원의 녹취가 '간절히' 필요하다고 했다. 검찰에서 진술을 거부하고 있는 노상원 전 사령관이 유일하게 입을 연 곳이 SBS인 관계로 어쩔 수 없이 전화한 눈치였다. 그만큼 SBS 외교안보팀의 노상원 보도는 독보적이었다. 기분 나쁘지 않았으나 한편 난감했다. 취재원이 선하건 악하건 보호해야 하는 것이 기자의 기본 윤리이다. 줄 수 없었다.

윤석열 대통령이 계엄의 수괴라면 노상원 전 정보사령관은 김용현 국방부 장관과 더불어 계엄의 총기획자라고 할 만하다. 노상원을 이해하지 못하고 12·3 비상계엄을 말할 수 없다. 그를 입체적으로 분석하는 연속보도는 그래서 의의가 크다. 우리가 그런 보도를 할 수 있어서 적잖이 자긍심을 느꼈다.

4. 대통령실 베일 벗기기

| 나홀로 계엄 피한 대통령실 |

12·3 비상계엄과 대통령실의 관계는? 대통령실 핵심들 모르게 윤석열 대통령 혼자 계엄을 치렀을리 없다는 생각은 들었지만 계엄 사태가 터진 지 열흘이 다 되도록 대통령실 인사들의 그날 행적은 잡히지 않았다. 다른 사람들은 몰라도 정진석 대통령비서실장, 신원식 국가안보실장, 김태효 국가안보실 1차장, 인성환 국가안보실 2차장, 최병옥 국가안보실 국방비서관 등은 계엄 국면 어딘가에 유의미한 흔적을 남겼을 텐데 감감무소식이었다.

2024년 12월 4일 새벽 1시쯤 대통령 경호관들이 국방부 청사 1층을 안내판 등으로 가리는 장면이 SBS 취재진에 포착됐다. 가림막으로 사람들의 시선을 막은 뒤 윤석열 대통령과 대통령실 당국자들은 합참 결심지원실로 갔다.

국회의 계엄 해제 의결 전후로 윤석열 대통령이 합동참모본부 지휘통제실에 가서 한동안 머물렀다는 것은 이미 12월 4일 내 중계 기사로도 여러 번 반복됐던 사실이다. 윤석열 대통령이 지휘통제실 내의 최고 비밀시설인 결심지원실에서 모종의 토의를 한 사실도 순차적으로 보도가 됐다. 그렇다면 대통령실 고위직들도 결심지원실에 함께 들어가지 않았을까.

윤석열 대통령이 안보 관련 보좌진 없이 홀로 결심지원실에 갔을리 만무했다. 나는 12월 4일 새벽 상황을 목격한 국방부 당국자들을 탐문하기 시작했다. 정진석, 신원식, 김태효, 인성환, 최병옥 등의 이름만 거론하며 4일 새벽 국방부와 합동참모본부 청사 안팎에서 봤는지를 묻고 또 물었다.

12월 11일 마침내 서너 사람으로부터 비슷한 답을 받았다. 인성환 국가안보실 2차장과 최병옥 국가안보실 국방비서관은 윤석열 대통령과 함께 합동참모본부 지휘통제실로 갔다가 함께 대통령실로 복귀했고, 정진석 대통령비서실장과 신원식 국가안보실장은 그들보다 늦게 왔다가 일찍 돌아갔다는 것이다. 4명 모두 윤석열 대통령이 주관한 결심지원실 회의에 있었다는 사실이 처음 확인됐다.

당사자들의 말을 직접 들어봐야 했다. 역시 전화통화가 쉽지 않았다. 김수형 외교안보팀장이 신원식 국가안보실장에게 끈질기게 카톡을 보내자 신원식 실장이 김수형 팀장에게 전화해 짧고 굵게 입장을 토해냈다. "지금 이 상황에서 내가 뭘 말할 수 있겠나. 나 역시 법적 도의적 모든 책임을 조용히 지려고 한다. 어려운 상황에서 군을 안정시켜서 나라에 조금이라도 도움이 되고, 마지막 뒷정리를 하려는 상황인데 너무 그러지 마라. 하고 싶은 말 있다고 사람이 어떻게 다 하겠나. 세상 살다 보면 우리 또 안 보겠나."

│ 그들도 계엄의 밤에 뛰었다! │

인성환 국가안보실 2차장은 끝내 전화를 받지 않았다. 최병옥 국가안보실 국방비서관과는 짧은 통화가 가능했다. 어느 정도 인정하면서도 구체적인 답변은 피했다. 다음은 최병옥 비서관과 나의 전화 통화 내용이다.

〈최병옥 국방안보실 국방비서관 통화〉
2024년 12월 12일

김태훈: 4일 새벽 결심지원실 회의 때 장군님도 들어오셨다고 들었습니다.

> **최병옥**: 그거에 대해서 따로 드릴 말씀이 없습니다.
>
> **김태훈**: 결심지원실에서 어떤 이야기들이 오고 갔습니까? 야당에서는 제2의 계엄 얘기도 하던데.
>
> **최병옥**: 안보실의 차장님도 계시고, 특히 국방비서관은 대통령님 군부대 가실 때 들어가는 입구라든가 확인하게 돼 있어서 그런 역할을 했을 뿐입니다. 그 외 사항은 잘 모릅니다.
>
> **김태훈**: 신원식 실장, 정진석 실장도 가셨죠?
>
> **최병옥**: 그거는 제가 말씀드릴 수 없습니다. 말씀 못 드리는 입장인 건 아시잖아요.

국가안보실 국방비서관 위치의 당국자가 이 정도로 말하는 것은 전반적으로 인정한다는 뜻으로 해석하면 된다. 기사화하기에 충분하다고 판단했다. 12월 12일 SBS 8뉴스에 〈'결심실 회의' 안보실 2차장·국방비서관 참석〉기사를 내보냈다. 이 기사는 계엄 때 대통령실 인사들의 행적을 처음 밝혔다는 의미가 있다.

12월 10일 국회 국방위원회 전체회의 현안질의 때 박안수 계엄사령관은 자신과 김용현 국방부 장관 외에 결심지원실 회의에 참석한 다른 인물의 이름을 밝히지 않았다. 김철진 국방부 장관 군사보좌관도 "칸막이가 쳐져서 참석자들을 확인할 수 없었."고 주장했다. 더불어민주당이 해당 회의를 2차 계엄 모의로 의심하는 상황에서 박안수, 김철진 등은 답변에 부담을 느꼈을 터.

대통령실 당국자들의 계엄 행적을 처음으로 보도한 SBS의 단독기사.

주요 당국자들이 입을 걸어 잠근 가운데 〈'결심실 회의' 안보실 2차장·국방비서관 참석〉 기사는 결심지원실 회의 주역으로 윤석열, 김용현, 박안수에 인성환, 최병옥의 이름을 더했다. 인성환 국가안보실 2차장과 최병옥 국가안보실 국방비서관은 대통령실 안보 컨트롤타워의 중추로서 둘 다 육사 출신이다. 정진석, 신원식 두 실장도 결심지원실 회의에 짧게나마 들어갔었다. 이로써 세상의 시선은 대통령실 인사들의 계엄 역할에 주목하게 됐다.

보도 1시간 후쯤 대통령실이 입장 자료를 내놨다. "국회에서 비상계엄 해제 요구안 의결 후, 대통령의 합참 방문 시 국가안보실 2차장과 국가안보실 국방비서관은 통상적인 수행을 했다. 비서실장과 안보실장은 계엄 해제를 위해 대통령을 모시러 가기 위해 수 분 머물렀을 뿐이다. 2차 계엄 논의설은 전혀 사실이 아니다."

대통령실의 당혹감을 이해할 수 있었다. 이해할 수 없는 것은 다른 매체들의 보도였다. 대통령실 인사들이 그 시간에 결심지원실 회의에 갔다면 기자는 비판적 시각으로 바라보는 것이 정상이지만 몇몇 매체들은 대통령실 입장만 100% 반영해 SBS 보도를 일축하는 기사를 내보냈다. 마치 대통령실의 입장은 흠결이 존재할 수 없는 천상의 목소리인 양 받아 적었다. 기자들이 그동안 그렇게 행동했으니까 윤석열 대통령도 거리낌 없이 폭주했을 수밖에.

| 안보실 1차장은 계엄과 무관한가 |

정진석, 신원식, 인성환, 최병옥의 행적을 밝혔지만 여전히 수수께끼는 남았다. 김태효 국가안보실 1차장은 계엄 때 무엇을 했는가! 윤석열 정부의 외교·안보 분야에서 김용현 국방부 장관과 어깨를 나란히 했던 김태효 국가안보실 1차장이 12·3 비상계엄에서 배제됐다고 생각하는 사람은 많지 않았다.

때마침 내가 눈여겨보던 국가안보실 인사가 한 명 있었다. 그는 정보사령부 HID 중령으로 2023년 국정원을 거쳐 국가안보실에 전입했다. 국가안보실에 HID 장교가 할 일이 없었고, 당연히 역대 국가안보실에 HID 장교가 근무한 사례도 없었다. 12·3 비상계엄에서 정보사령부 HID 역할이 컸던 만큼 국가안보실의 HID 장교를 주시할 이유는 충분했다. 정보사령부 소식통에 따르면 국정원이 HID 요원을 불러 쓰는 경우가 종종 있지만 이 중령의 케이스는 특이했다. 통상적으로 국정원이 HID 영관급이나 위관급 요원 정도로 대충 요구하면 정보사령부가 추려 보내주는데 이 중령의 경우 국정원이 특정해서 파견을 요청한 것으로 알려졌다. 국정원에 잠시 들렀다가 국가안보실에 간 것을 보면 HID 중령을 원한 자는 대통령실에 있었다. 그의 임무는 무엇일까?

여기저기 부탁해서 그의 명함을 구했다. 12월 9일 안보실의 HID 중령에게 전화했다. "혹시 계엄 때 어떤 일 있었나."라고 질문했더니 돌아온 대답은 "그런 일 없다.", "끊겠다."가 전부였다. 간단치 않은 상대라고 생각됐다. 한 달쯤

대통령실의 안보실 위기관리센터에 근무하는 HID 중령의 명함.

뒤인 1월 5일 국회에서 내란 진상규명 국정조사 특별위원회 전체회의가 열렸다. 안보실의 HID 장교가 도마에 올랐다. 김병주 더불어민주당 의원의 질의에 대한 인성환 국가안보실 2차장의 대답이 수상했다.

〈국회 내란 국정조사 특위〉

2025년 1월 5일

김병주 : HID 출신 장교가 안보실에 있다고 얘기했잖아요. 어디 위기관리센터에 있나요?

인성환 : 공간은 그 공간에 있습니다. 제 소관은 아닙니다.

김병주 : 위기관리센터는 그럼 안보실 누가 주관하나요?

인성환 : 제가 주관합니다.

김병주 : 위기관리센터에 소속된 인원이 아닙니까 보직돼서?

인성환 : 공개된 자리에서 말씀드리기 어려운데요. 제가 통제하지는 않습니다.

김병주 : 그럼 별도 임무를 해야 한다고 봐야 하겠네요. 위기관리센터와 다르게.

인성환 : 네.

김병주 : 그 인원이 언제 보직됐습니까?

인성환 : 제가 파악한 바로는 재작년 12월부로.

김병주 : 2023년 12월?

> 인성환 : 네. 그런데 실제로 업무한 것은 봄부터 했습니다.
>
> 김병주 : 그렇다면 특수 임무를 수행했다고 볼 수 있겠네요.

HID 장교가 소속된 기관은 위기관리센터이고, 위기관리센터는 국가안보실 2차장 관할이다. 위기관리센터의 책임자인 인성환 국가안보실 2차장은 위기관리센터의 HID 장교를 통제하지 않는다고 했다. HID 장교는 위기관리센터에 있으면서 위기관리센터와 별도의 다른 임무를 하고 있었다. 황당하다. 특수 임무를 맡는 것 같다는 김병주 의원의 질의에 인성환 2차장은 답변을 피했다. 국가안보실의 HID 장교가 2차장의 통제를 안 받으면 김태효 국가안보실 1차장의 통제를 받지 않겠는가. 이어서 김병주 의원은 김태효 1차장에게 질의했다.

> **〈국회 내란 국정조사 특위〉**
>
> 2025년 1월 5일
>
> 김병주 : 2023년 대통령도 속초 HID 부대에 가려다가 취소됐었죠? 왜 가려고 했죠?
>
> 김태효 : 대통령은 제가 갔다 온 사실도 지금도 모르고 계십니다.
>
> 김병주 : 제보 받기로는 대통령 오시는 거 준비하다가 취소되고, 안보실 1차장이 왔다 라고 했어요.
>
> 김태효 : 전혀 사실이 아닙니다.

김병주 : 군대에 관계된 건 2차장 소관이죠? 1차장이 아니고?

김태효 : 네. 그래서 이것은 정보와 관련된 남북관계라 유일하게 제가 한 번 갔다 온 것입니다.

김병주 : 아까는 뭐 (HID) 수당을 올리기 위해서 갔다는데 그것은 인성환 2차장 소관이지, 1차장 소관이 아니에요.

김태효 : 이 수당은 정보기관에서 지출하기 때문에 저와 관련이 있습니다.

김병주 : 김태효 1차장 담배 피우시나요?

김태효 : 조금 피웁니다.

김병주 : 사무실에서 담배 피우세요?

김태효 : 안 핍니다.

김병주 : HID 부대 가서는 왜 사무실에서 담배를 피워서 HID 부대 간부들이 완전히 분노했다고 하는데 왜?

김태효 : 그런 적 없습니다.

김병주 : 본인은 그렇게 얘기하겠지만 생생히 기억하는 사람은 얘기해요.

김태효 : 아닙니다.

김병주 : 인성환 2차장, 왜 HID가 이렇게 내란에 관여했다고 봐요?

인성환 : 그거에 대해서 저도 아는 바가 전혀 없습니다.

김병주 : 본 위원이 8월 달부터 민주당도 그렇고, 비상계엄 한다고 그렇게 경고했을 때 대통령실에서 뭐라고 했어요 인성환 차장?

> **인성환** : 전혀 근거 없는 소문이라고 얘기했습니다.
>
> **김병주** : 근거 없다, 괴담이다, 황당하다, 음모다, 선동이다 이렇게 얘기했잖아요. HID도 마찬가지예요. 어느 정부도 HID 부대를 대통령이 가려고 했든가, 안보실 차장이 간 적이 없어요. 왜 2023년 6월에 안보실 1차장이 가고, 또 2023년 말에 HID 요원이 안보실 위기관리실에 근무하고, 또 왜 이번에 HID가 전면에 나타나고, 또 노상원은 김용현과 관계가 있고, 이러니까 HID에 대해서, 안보실에 대해서 조사가 필요한 거예요.

김태효 국가안보실 1차장의 전례 없는 HID 부대 방문, 국가안보실 1차장의 HID 부대 방문 목적이 고작 예산 문제, HID 중령의 국정원 전출 뒤 역시 전례 없는 국가안보실 진입, 휘하의 HID 중령을 지휘하지 못하는 인성환 국가안보실 2차장, 노상원 전 정보사령관의 등장, 12·3 비상계엄에서 정보사령부의 역할……. 이런 팩트의 흐름 속에 흉흉한 내막이 숨겨진 것 같기는 하다. 국가안보실의 HID 중령은 실존하는 유령인가? 김태효 1차장은 그와 무슨 관계인가? 아직까지 김태효 1차장의 계엄 수수께끼를 풀지 못하고 있다.

5. 시그널 비밀통신과 이상한 안보교육

| 그들은 시그널을 썼다! |

 2021년 1월 6일 미국 워싱턴 국회의사당에 폭도들이 난입했다. 조 바이든 대통령의 승리가 부정선거의 결과라고 주장하며 벌인 폭동이었다. 2021년 1월 13일 뉴욕타임스는 의사당 폭동 이후 시그널과 텔레그램 등 암호화 SNS 메신저가 뜨거운 관심을 받고 있다고 보도했다. 극우주의자들이 애용하는 SNS 앱 팔러가 차단되자 보안성이 뛰어난 시그널과 텔레그램으로 극우 사용자들이 몰린 것이다.

 시그널과 텔레그램은 이렇게 보안성 높은 메신저이다. 특히 시그널은 텔레그램보다 몇 수 위의 철옹성으로 통한다. 미국 국가안보국의 감청을 폭로한 에드워드 스노든도 보안을 위해 사용했다. 음성통화, 문자 메시지 등이 모두 암호화돼 수사당국의 포렌식으로도 통화와 문자 내용을 밝힐 수 없다. 가상화폐 거래, 주식 리딩방, 불법도박, 아동 포르노그라피 유통 등에도 시그널은 기본 통신수단이라고 한다. 일반인들도 많이 사용한다.

 2024년 12월 25일 크리스마스에도 근무했다. 쉬는 날인 줄 알았다가 뜬금없이 맞은 당직이었다. 회사가 있는 목동 근처에 사는 예비역 장군에게 점심이나 먹자고 연락했더니 흔쾌히 나왔다. 식사 후 커피를 마시며 앞으로 군을 어떻게 바로잡아야

김용현 등 계엄군이 시그널 앱으로 통신했다는 사실을 밝힌 SBS 단독기사.

할지 답답하다며 서로 하릴없이 넋두리를 주거니 받거니 했다. 계엄에 휩쓸려 고생하고 있는 현역 장교들, 당국자들 근황을 이야기하다가 문득 그가 말했다. "OOO씨가 엊그제 시그널로 연락을 해왔어. 당신도 시그널 써?" OOO씨는 김용현 국방부 장관의 측근이다. 2024년 가을부터 시그널을 사용했다고 한다.

직업적 촉이 가동됐다. 김용현, 노상원을 비롯해 계엄군들도 시그널로 비밀통신을 했을 것 같았다. 계엄의 비밀을 지키고, 탈이 생겨도 수사를 방해할 수 있으니까 시그널은 계엄 통신수단으로 딱이다. 기사를 검색해봤다. 대통령실 당국자들이 2024년 10월 우르르 시그널 앱을 깔았다는 기사가 있었다. 구속된 장군들의 변호인들에게 차례차례 전화했다. "의뢰인들이 시그널을 사용하느냐?"고 탐문하던 중에 찾던 결과가 나왔다. 한 변호사가 "내 의뢰인도 김용현 국방부 장관으로부터 시그널로 계엄과 관련된 지시를 받았다.", "김용현 국방부 장관이 갑자기 시그널로 전화하자 의뢰인도 이상하다고 생각했다."고 말했다.

김용현 국방부 장관과 계엄에 연관된 당국자가 시그널을 사용했다면 그들과 긴밀히 연락하는 다른 사람들도 시그널 앱을 깔았을 것이다. 김용현과 가까운 거리의 몇 명이 시그널 사용자인 사실도 추가로 확인했다. 계엄 관련자들 상당수가 시그널 앱을 깔았을 것으로 추정되지만 더 이상 취재가 안됐다. 일단 기사를 냈다.

2024년 12월 26일 SBS 8뉴스 〈"김용현 '시그널'로 계엄 지시"…두 달 전 깔았다〉 기사이다. 김용현 국방부 장관이 시그널 앱을 이용해 일부 장성들에게 계엄 관련 지시를 하달했다는 내용이다. 특히 계엄 당일인 12월 3일 오후 김용현 장관이 한 장성에게 시그널로 전화해 노상원 전 정보사령관을 지원하는 모종의 임무를 지시한 사실을 밝혀냈다. 또 김용현 장관이 시그널 앱을 설치한 때가 2024년 10월로 정보사령부가 계엄 상황관리 TF를 구성한 때와 일치한다는 의혹을 제기했다.

보도 이후 사회부 기자들에게 "검찰과 경찰, 공수처 수사 중에 계엄 피의자들이 시그널을 사용한 것으로 나오는지 살펴봐

달라."고 부탁했다. 사회부 한성희 기자가 해냈다. 경찰 취재를 통해 노상원 전 정보사령관, 문상호 현 정보사령관 등 정보사령부 장교들이 시그널로 통신했고, 구체적으로는 정보사령부의 중앙선거관리위원회 체포조가 사용할 체포 도구 구입 지시도 시그널로 했다는 사실까지 찾아냈다. 문상호 사령관은 계엄 해제 직후 시그널 앱을 삭제한 것으로 알려졌다. 이 내용은 2024년 12월 28일 SBS 8뉴스 〈노상원도 '시그널'로…"11월 체포도구 구입 지시"〉 기사로 보도됐다. 12·3 비상계엄은 '시그널 계엄'으로 불릴 만하다.

| 국방부의 수상한 정신전력교육 |

이렇게 정보사령부, 방첩사령부, 특전사령부, 수도방위사령부의 계엄 참가는 수많은 팩트들로 입증됐다. 대통령실 인사들도 미약하나마 계엄 행적이 드러났다. 그렇다면 국방부는? 김용현 국방부 장관이 따리를 틀고 계엄을 모의했던 국방부의 당국자들은 계엄으로부터 자유로울까? 그럴 리 없다. 단서가 아직 안 나왔을 뿐이다. 실마리라도 잡히면 증거와 증언들이 우수수 쏟아질 가능성이 크다.

아주 작은 실마리를 잡았다. 12월 28일 토요일 낮이었다. 2024년 12월 계엄 취재와 보도는 주말, 평일이 따로 없었다. 한 장교가 "아무래도 이상하다."며 나를 찾아왔다. "계엄 1주일 전쯤 전군에 수상한 정신전력교육 교재가 배포됐다."는 것이다. 그는 "대적 적개심 강조가 주된 내용이었지만 야당을 겨냥한 것으로 보이는 내부의 적 운운하는 부분도 있다."고 말했다.

계엄 8일 전 전군에 배포된 장병 정신전력교육 자료.
계엄 담화, 포고령에도 나오는 반국가세력을 자비 없이 처절히 응징할 적으로 상정했다.

문제의 교재는 국방부가 계엄 실행에 대비해 장병 교육 자료로 작성했을 가능성이 커 보였다. 교재의 실물을 구해야 했다. 최소한 교재의 내용이라도 상세히 파악해야 했다. 장병 정신전력교육과 관련 있는 육해공군의 장교들에게 두루 전화했다. 너덧 번 통화 만에 운 좋게 문제의 교재 앞에 앉아 있는 장교를 찾을 수 있었다.

교재의 제목은 [적에게 자비는 없다-오직 처절한 응징만 있을 뿐이다!]였다. 제목부터 살벌하다. '장병 적개심 고취 지휘관 정신전력교육 참고자료'라는 부제가 붙었다. 장병들 적개심을 고취하도록 지휘관 먼저 교육하겠다는 국방부의 구상이다. 장병들 적개심을 고취해 처절하게 응징할 적은 누구일까? 지구상 최악의 북한 정권을 최우선에 놓고 상세히 설명했다.

뒷부분 한 페이지의 소제목은 '자유 대한민국을 부정하는 반국가세력'. 자비 없이 처절히 응징할 적 중 하나로 반국가세력을 올려놨다. 대한민국 정통성과 자유민주주의 체제 부정, 북한을 무비판적으로 추종하는 이적행위 자행 등을 강조했다. 자유 대한민국을 부정하는 반국가세력이라면 윤석열 대통령의 12월 3일 계엄 담화, 같은 날 계엄사령관의 포고령 1호에 공통적으로 등장하는 용어이다. 국방부의 장병용 교육 교재 일부 내용이 비상계엄 담화, 포고령과 같은 맥락이었다.

교재 배포 일시는 2024년 11월 25일이었다. 국방부 국방정책실의 정신전력과 등이 작성했다. 계엄 선포 8일 전에 계엄의 목적과 같은 맥락의 국방부 교육 자료가 전군에 배포된 것이라서 여러 가지 의심들이 꼬리를 물었다. 12월 29일 SBS 8뉴스〈계엄 전에 반국가세력 교재 배포…사전 준비?〉라는 기사로 보도했다. 국방부는 [적에게 자비는 없다] 교재 배포에 대해 어떻게 해명했을까.

〈국방부 정례 브리핑〉
2024년 12월 31일

김태훈 : 지휘관 정신전력 교육 교재 [적에게 자비는 없다] 이거 작성 경위와 과정 좀 설명해 주십시오.

대변인 : 해당 자료는 올 10월부터 제작이 돼서 11월 25일에 하달이 됐고, 12월까지 각급 부대의 가용한 여건 하에서 지휘관이 기간을 염출해서 재량껏 교육하도록 현재 하달된 것이고, 각 부대에서 지금 교육이 이루어지고 있습니다.

김태훈 : 그러니까 누가 지시해서 어느 기관 또는 부, 실에서 만들었는지 그런 설명을 좀 해달라는 겁니다.

대변인 : 그런 걸 만드는 건 국방부 정책실에서 담당하고, 해당 과가 있고요. 그 과에서 국방부 지시에 따라 만들어서 각급 부대에 전부 다 전파된 사안입니다.

김태훈 : 국방부 지시라고 이렇게 너무 포괄적으로 말씀해 주시지 마시고, 김용현 전 장관의 지시로 만들었다 이렇게 봐도 되는 거잖아요.

대변인: 그건 확인해 보겠습니다.

김태훈: 보면 우리 계엄 김용현 장군의 어록들이 많이 들어가 있어요. "적에게 자비는 없다, 응징만 있을 뿐이다." 이것도 장관 취임한 다음에 처음 전방부대 갔을 때 했던 말이고, 그리고 "우리는 최고 존엄이 5천만 명인데, 북한은 1명이다." 이것도 다 사실 김용현 전 장관의 어록이거든요. 그 어록이 이렇게 많이 들어갔다는 거는 김용현 장관의 지시에 따라 시작된 과업이 아닌가 싶어서.

대변인: 전에도 한번 저희가 즉강끝(즉각, 강력히, 끝까지) 관련된 걸 얘기하면서 말씀드린 바 있는데요. 물론 그것을 장관께서 예하부대 가셔서 말씀하신 부분입니다. 군이 그런 어떤 상징적 의미를 갖고 있는 용어들을 사용해서 장병들 정신교육에 활용하는 것은 사실인데 그렇다고 해서 그게 어떤 "누구의 어록이다." 이렇게 표현하기에는 좀 어려울 것 같고요. 아시겠지만 정신교육, 지휘관 정신교육 자료는 연중 지속 예하부대에 전파가 되고 있습니다. 그리고 그것은 계엄 전에 이 내용을 완전히 교육해라 그것이 아니고, 12월, 또 필요하면 그 이후에도 각급 부대에서, 안에서 교육하도록 돼 있고요. 그 자료를 한번 보시면 좋겠지만 북한군과 북한 정권 또는 3대 세습에 대한 내용이 거의 대부분입니다. 지금 어떤 부분에 대한 이의를 제기하실 수 있는 그런 내용이 있을 수 있는데 그거는 한 24~25페이지 되는 분량 중의 한 페이지, 그것도 정신교육 기본 교재 내용이 담겨 있는 내용을 그대로 담은 거라서 그것이 어떤 다른 의도를 가지고 내린 교육 자료라는 것처럼 그렇게 굳이 보실 필요는 없다고 생각합니다.

김태훈: 그 의도가 계엄과 관련이 없다고 단정할 수는 없는 게 사실 장관의 의도를 이번 이 기사가 나온 이후에 확인할 수가 없었잖아요.

장관은 지금 구속 기소된 상태니까. 그렇다면 이게 계엄과 관련이 없다고 단정하기는 어려울 텐데, 특히나 단정할 수 없는 이유 중의 하나가 반국가세력, 25페이지 중의 한 페이지가 더 눈에 띄어요. 그리고 그 내용이 반국가세력이에요. 그러니까 12월 3일에 계엄 담화, 포고령 1호에 나온 반국가세력과 이 국방부 교육 자료에 나온 반국가세력, 이게 같은 거잖아요. 다른 건가요 이게?

대변인 : 정신전력 기본 교재에 보면 그러한 내용이 포함돼 있고요. 그것은 장병들에게 대적관 또는 국가관 이런 것들을 가르치는 교육 내용 중에 포함돼 있는 것입니다. 지금 보시니까 그것이 연계돼 있다고 충분히 생각하실 수는 있는데 그런 의도를 갖고 만든 교육 자료도 아니고, 또 그것이 계엄 전에 교육이 돼야 된다, 이렇게 강압적으로 지시가 내려간 것도 아니어서요. 그건 전반적인 상황을 보시면 좋겠습니다.

김태훈 : 그런데 그런 의도, 계엄에 대한 의도가 없었다는 말은 단정해서 하지 마세요. 그건 장관의 의도를 확인할 수 없는 거기 때문에, 조창래 정책실장의 말씀을 듣고 하실지는 모르겠지만 그 의도는 지금 장관도 그거에 대한 말씀을 하나도 안 했는데 그게 의도가 이렇다고는 하지 말았으면 좋겠고, 그리고 반국가세력은 아직도 동의하십니까? 이 반국가세력이 이 정도로 군에서 중시하고 경계해야 된다.

대변인 : 그건 제가 그 교육 내용에 대한 걸 동의하느냐, 안 하느냐 수준이 아니고요. 교육 자료는 여러 가지 전문기관 또는 전문가들께서 여러 가지 내용들을 포함해서 오랜 시간 교육 자료를 만든 것이니까 그렇게 이해해 주시면 좋겠고, 제가 장관의 의도를 말씀드리는 게 아니고요. 그 교육 자료의 내용과 내려간 시기, 지

> 침들을 보시면 그렇게 굳이 연관성 있다고 보시기는 어렵다는 말씀을 드리는 겁니다. 장관의 의도를 말씀드리는 게 아닙니다.
>
> **김태훈** : 그러니까 장관은 아마 계엄 생각해서 했을 것 같아요.
>
> **대변인** : 그건 뭐 보시기에 따라서 다를 수 있는데 그런 부분을 제가 말씀드리는 건 아닙니다.

[적에게 자비는 없다] 교재의 작성을 지시한 자가 김용현 국방부 장관인지 국방부는 명확하게 답변하지 않았다. 하지만 많은 장교들이 "김용현 장관의 지시로 작성됐다."고 말했다. 교재 곳곳에 김용현의 어록들이 스며들었고, 그들이 입에 달고 사는 '반국가세력'도 부각됐다.

국방부는 이전에 작성한 장병 정신전력교육 교재에도 반국가세력을 운운했다고 주장하지만 이는 사실과 다르다. 과거 장병 정신전력교육 교재는 반국가세력 표현을 쓰지 않았다. 반국가세력이 아니라 내부의 위협에 방점을 찍었다. 반국가세력은 계엄의 용어이다. 계엄 8일 전에 계엄의 기운이 흐르는 교재를 만들어 각 군에 유포함으로써 국방부가 계엄 모의, 특히 계엄 의식화를 시도했다는 의심을 받고 있다.

| 윤석열 정부의 이상한 안보교육 |

의식화! 윤석열 정부가 국민의 의식화를 꾀했다는 증거도 있다. 장병들에게 대적관, 적개심을 강화하는 교육을 하는 데 그치지 않고, 이를 확대해 일반 국민들에게도 반공·극우의 정신을 퍼뜨리려 했다는 의혹이다. 깨어있는 장교들이 이런 움직임을 간파해 나에게 결정적 힌트를 줬다. 대국민 안보교육 계획 문건이 존재한다는 것이다. 이때가 2023년 겨울이었다. 육사 홍범도 장군 흉상 철거 추진으로 국방부와 육군, 육사가 한바탕 흔들렸고, 연이어 장병 정신전력교육 교재의 독도 기술 등으로 시끄러웠던 때이다. 많은 군인들을 어르고 달랜 끝에 어렵사리 안보교육 문건 몇 장을 구했다.

먼저 '안보교육 추진 계획 안보실장 보고'라는 제목의 한 장

윤석열 정부의 안보실은 전국민 대상의 안보교육도 계획해 추진했다.

짜리 문건이다. 2023년 8월 2일 오후 대통령실 지하 2층 NCS 소회의실에서 안보교육 보고가 이뤄졌다. 문건에 따르면 조태용 국가안보실장 주관으로 23명이 참석했다. 국방부의 차관과 정책기획관, 통일부의 차관, 통일전략기획관, 그리고 국정원의 2차장과 특보, 안보전략연구원의 원장, 수석연구위원 등이 주요 참석자이다. 대통령실에서는 김태효 국가안보실 1차장을 필두로 국방비서관, 통일비서관, 안보전략선임행정관이 나왔다.

만약 국가안보실이 주관한 안보교육 회의에 국가안보실과 국방부 인사들만 나갔다면 이는 군 정신전력교육과 관련된 회의로 볼 수 있다. 그러나 국정원, 통일부, 안보전략연구원 등의 고위직들도 회의에 갔다. 안보교육 대상이 군만이 아님을 드러내는 증거이다. 이런 취재를 기반으로 2023년 12월 28일 SBS 8뉴스에 〈범정부 회의까지…'국민 안보 교육서'로 검토〉 기사를 보도했다. 계엄 1년 전의 일이다. 국방부는 보도 5일 후인 2024년 1월 2일 정례 브리핑에서 군을 위한 회의였다며 의미를 축소하는 데 급급했다.

〈국방부 정례 브리핑〉

2024년 1월 2일

김태훈: 지난주에 제가 한번 여쭤봤었는데 대통령실 주관으로 했던 대국민 안보교육 추진회의 그거 우리 국방부가 어느 정도 지금까

5. 시그널 비밀통신과 이상한 안보교육

> 지 참가했었는지요.
>
> **대변인**: 기존에 말씀드렸듯이 국방부가 정신교육교재의 추진 경과 또는 향후 추진 일정 등에 대해서 필요한 공유를 한 것으로 알고 있는데 그 회의의 성격과 내용 이런 것은 제가 답변드릴 사안은 아닌 것 같습니다.
>
> **김태훈**: 그러니까 그게 대통령 안보실장 그리고 안보실 1차장, 국방부하고 통일부는 차관과 국장, 그리고 국정원도 2차장이 나오는 그런 회의에서 각각 정부 부처가 안보교육을 어떻게 할 것인지 이렇게 설명하는 그런 중요한 회의잖아요. 그러니까 그거에 대해서 우리 국방부가 계속 적극적으로 참가를 했을 텐데 그 현황 정도는 알 수 있지 않나 싶어서요.
>
> **대변인**: 지금 제가 말씀드린 것처럼 국방부는 교재 추진, 그 다음에 장병들 정신교육하는 내용에 대한 공유를 한 것이고, 그 회의 참석자나 회의 내용 이런 것을 제가 확인해 드릴 사안은 아닌 것 같습니다.

정부가 옳다고 여기는 사상을 국민들에게 주입시키려는 어떤 계획이 진행되는 것이 확실했다. 몇 달 후 범정부 안보교육을 위한 다른 문건 몇 장을 더 구했다. 제목은 '장병 정신전력 강화 추진 경과'로 2023년 11월 28일 작성됐다. 민간인을 상대로 한 안보교육의 단서가 그 문건 안에 있었다.

문건에는 'VIP 강조사항'을 참고해 작성한 8가지 추진 과제가 나온다. 현역과 예비군의 정신전력 강화가 주요 내용이다. 눈에 띄는 것은 VIP가 강조했다는 '민관군 안보교육 네트워크 강화'와 '대학생 안보토론대회 활성화'이다. 군과 민간, 그리고 관변의 연구소를 동원해 안보교육 콘텐츠를 제작하고 있는 것으로 보였다. 안보토론대회를 열어 대학생의 안보의식 강화도 도모했다.

문건은 민관군 안보교육 네트워크 강화 방안을 상세히 설명하는 장에서 "사관생도와 대학생 간 국가안보 관련 학술교류의 장을 마련해 MZ 세대의 안보의식 고취의 기회로 활용하고, 명확한 국가관·대적관 확립을 위한 안보교육 싱크탱크 네트워크를 구축하겠다."고 강조했다. 군 또는 정부가 정한 대적관과 국가관을 민간인들에게 유포하겠다는 것이다. 이는 사상과 양심의 자유를 보장하는 헌법의 위반 아닌가.

민관군 안보교육 네트워크 구축을 위해 국방부, 국정원, 외교부, 통일부 산하의 연구기관들 실무회의가 2023년 10월 이미 실시됐다고 문건은 적었다. 국방연구원 KIDA, 국방대, 군사편찬연구소, 국가안보전략연구원, 국립외교원, 통일연구원 등이 망라됐다. 2023년 12월 각 기관의 실국장 협조회의도 열렸다. 그들의 안보교육 계획 진도는 벌써 제법 나갔다.

이런 취재를 모아 2024년 8월 13일 SBS 8뉴스 〈"군 교재로 국민 안보교육"…정부 문건 입수〉와 8월 16일 인터넷 취재파일 〈'범정부 안보교육 실행계획' 문건 공개…이게 장병용?〉을 보도했다. 윤석열 대통령이 보수 우파를 제외한 국민들 상당수를 무작정 반국가세력으로 몰아 총칼을 들이댄 12·3 비상계엄의 씨앗은 최소한 정부가 안보교육을 기획한 2023년 여름부터 여물기 시작한 것 같다. 장관이 김용현은 아니었지만 국방부는 그때부터 계엄의 이념적 토대를 다진 것으로 보인다.

국정원과 통일부도 비슷한 종류의 안보교육 문건을 작성했을 것으로 추정된다. 국정원과 통일부의 문건에는 장병보다는 민간인 대상의 안보교육이 주로 담겼을 것 같다. 어떤 식으로 어떤 내용을 국민들에게 주입하려 했었는지 궁금하다. 국방부와 통일부, 국정원의 안보교육 문건을 모두 모아놓고 보면 어떤 그림이 그려질까. 윤석열 정부의 국정원과 통일부가 작성한 안보교육 문건도 언젠가 정체가 드러나길 기대해 본다.

6. 전략자산 707과 텔레그램 스캔들

| 김현태 단장의 눈물과 말 바꾸기 |

  2024년 12월 9일 오전 8시도 안 된 이른 시간부터 국방부 기자실이 술렁였다. 12·3 계엄군 중 최강 전력인 특전사의 707특수임무단 김현태 단장이 기자회견을 자청했다는 소식에 진위 파악하랴, 회사에 보고하랴 일대 소동이 벌어졌다. 회견 장소로 정해진 곳은 국방부 맞은편 전쟁기념관 앞 인도. 기자들은 노트북과 카메라를 싸 들고 급히 뛰어갔다. 지금 와서 생각해보면 2024년 12월 국방부 출입 기자들은 예고 없이 터지는 각종 이벤트에 참 많이도 뛰어다녔다.

  사나흘 전 어렵게 전화번호를 구해 여러 번 전화했지만 피했던 김현태 단장이 직접 언론사 카메라 앞에 선다는 것 자체가 신선했다. 그의 눈은 이미 살짝 충혈돼 있었다. 김현태 단장은 기자회견에서 "1~2분 간격으로 (곽종근 특전사령관한테서) 전화가 왔고, '국회의원이 150명을 넘으면 안 된다고 한다', '끌어낼 수 있겠느냐'는 뉘앙스였다."라고 말했다. 국회의원 숫자와 관련된 언급은 4일 오전 0시에서 0시 30분 사이 들은 것으로 기억했다. 그는 "(계엄 해제 요구안) 가결을 우려했던 것 같다.", "(사령관이) '의원이 늘고 있다, 150명 넘으면 안 된다, 진입되느냐'고 물으셔서 저는 '진입이 어렵다'고 했다."라고 부연했다. 계엄군 선봉 부대의 지휘관이 국회의 계엄 해제 의결 저지 작전을 공개 자백함으로써 12·3 비상계엄의 위헌성은 자명해졌다.

김현태 단장은 기자회견에서 '장교다움'도 보여줬다. "707부대원들은 김용현 국방부 장관에게 이용당한 가장 안타까운 피해자."라며 부하들을 감쌌다. "저는 무능하고 무책임한 지휘관이다.", "부대원들을 사지로 몰았다.", "부대원들은 죄가 없다.", "죄가 있다면 무능한 지휘관의 지시를 따른 죄뿐."이라며 책임을 오롯이 본인에게 돌렸다. 사나이의 뜨거운 눈물도 흘렸다. 육군 전략자산이라는 707특임단의 김현태 단장의 발언이 여기에서 끝났다면 김현태와 707특임단은 12·3 계엄의 진창 속에서 그나마 빛났을 텐데…….

김현태 단장은 말을 바꿨다. 시작은 12월 10일 국회 국방위원회 전체회의였다. 김현태 단장은 "그 당시에는 국회의원들을 막아야 하고 이런 걸 지시받은 바가 없었다."라고 말했다. 하루 전 "의원 끌어낼 수 있느냐."는 지시를 받았다고 기자회견에서 밝혀놓고 날이 바뀌니까 "'의원 막으라'는 지시는 없었다."라고 다른 말을 한 셈이다. 12월 10일 김현태의 진술은 주목받지 못하고 그냥저냥 묻혀 지나갔다.

김현태 단장은 2025년 2월 6일 헌법재판소 탄핵 심판 증인으로 출석해 제대로 식언을 했다. "봉쇄의 의미는 국회의원들 출입을 금지시키라는 것이나 이런 것들이 아니라 적대적 위협 세력으로부터 국회에 진입되지 못하도록 방어하라는 그런 개념이죠?"라는 피청구인 대리인의 질문에 김현태 단장은 "맞다."라고 대답했다. 곽종근 특전사령관의 지시 중 150명의 의미도 "이후에 언론을 보고 알았다."라고 했다. 707특임단의 임무는 국회의원과 전혀 무관하다는 주장이었다.

급기야 직속상관인 곽종근 특전사령관이 더불어민주당에 회유됐다고 해석할 수 있는 김현태 단장의 폭탄 발언이 나왔다. 2025년 2월 17일 국민의힘 소속 성일종 국방위원장이 직권으로 소집한 국회 국방위원회 전체회의에서 "민주당이 곽 사령관을 회유한 것이라고 생각하는가?"라는 국민의힘 의원 질의에 김현태 단장은 "변형되지 않았을까 하는 우려를 하고 있다."라고 대답했다. 곽종근 사령관이 2024년 12월 6일 김병주 더불어민주당 의원의 유튜브 채널과 12월 10일 국회 국방위원회 전체회의에서 더불어민주당 의원들의 회유를 받고 윤석열 대통령에 불리한 발언을 했다는 주장으로 풀이됐다. 회유와 거짓말 논란에 불이 붙었다. 계엄군이 국회에 침입해서 계엄 해제 의결을 막으려고 했다는 계엄의 본질은 저만치 밀려나는 분위기가 형성됐다.

| NEW707 텔레그램 대화방 입수하다 |

국회 국방위원회 전체회의에서 "(특전사령관의 진술이) 변형되지 않았을까 우려를 하고 있다."라는 김현태 707특수임무단장의 발언이 나오던 2월 17일 낮 모 예비역 장교의 전화가 걸려왔다. 제보할 것이 있다며 만나자는 것이다. 계엄과 관련된 큰 물건이 있겠구나 싶었다. 거의 1시간 일찍 약속 장소로 갔다. 그가 있었다. A4 30장 분량의 문서를 꺼내 보여줬다. NEW707이라는 이름으로 개설된 텔레그램 단체 대화방의 복사본이었다. 김현태 단장을 필두로 부단장, 작전과장, 정보과장, 1·3·5·7·9지역대장 등 707특임단 간부 28명이 참가한 방으로 2024년 12월 3일 오후 4시부터 12월 4일 새벽 4시 47분까지 707특임단의 계엄 작전 일거수일투족이 고스란히 들어 있었다.

조작되지 않은 대화방 복사본이라면 보도의 파장이 간단치 않겠다는 생각이 들었다. 헬기를 타

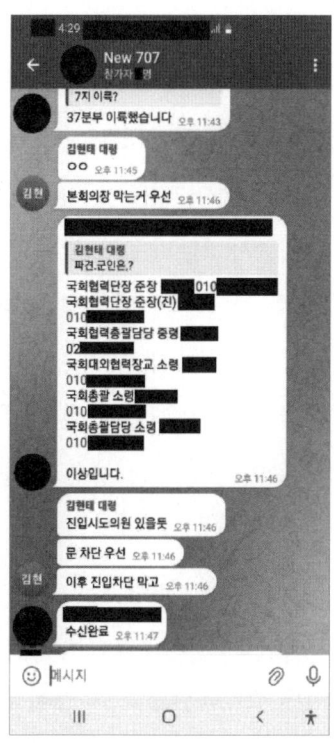

김현태 단장이 국회의원 차단을 지시한 707특임단의 텔레그램 대화방.

고 국회로 향하던 12월 3일 밤 11시 46분 김현태 단장이 국회의원 차단 지시를 특임단 텔레그램 대화방에 공유했기 때문이다. 김현태 단장이 국회와 헌법재판소에서 사실과 다른 말을 했음을 입증할 수 있는 부동의 물증이다. 김현태 단장은 12월 3일 밤 11시 31분 공포탄, 테이저건으로 외부 접근 세력을 차단하라는 지시도 텔레그램 대화방에 올렸다. 이는 "테이저건, 공포탄 사용이 가능한지를 묻는 사령관에게 '제한된다'고 답했다."라는 헌법재판소 증언과 충돌하는 증거이다.

텔레그램 대화방에는 제2의 계엄 또는 계엄 2차 작전을 의심케 하는 글도 있었다. 12월 4일 새벽 1시 11분 공유된 "조용한 루트로 들어가는 것 확인 중."이라는 작전과장의 글이다. 대화방에 1시 2분과 3분 국회의 계엄 해제 의결 소식이 전해졌지만 707특임단은 은밀하게 어디론가 들어가는 방법을 모색했다는 방증이다. 마침 이때 김현태 단장 등은 국회 본관 지하 1층의 전기를 끊었다. 지하를 통한 국회 본회의장 진입 작전이 추진됐다는 의심이 드는 것은 당연했다.

텔레그램 대화방에 나타난 계엄 선포 전인 12월 3일 오후 707특임단의 움직임도 특이했다. 부대 위병소 출입 시 비상등 켜면 707특임단으로 인식해 무사통과시키고, 물과 발열 식량도 넉넉히 챙겼다. 대테러부대인 707특임단이 고무탄과 UTM탄

등 폭동진압용 장비를 점검했다. 점심 이후 밤 9시까지 단장 주재 회의도 최소 3차례 열렸다.

우리는 2025년 2월 19일 보도하기로 결정했다. 김수영, 배준우, 최재영 기자가 나눠서 기사를 쓰는 동안 나는 마지막으로 김현태 단장 측과 국방부에 텔레그램 대화방의 진위를 확인하고 그들의 입장을 알아봤다. 김현태 단장 측은 전화와 문자메시지에 답을 안 했고, 국방부는 "707특임단의 텔레그램 대화방은 있었다."라고 답변했다. 내가 입수한 대화방 복사본이 진짜일 가능성이 대단히 컸다. SBS 8뉴스의 톱으로 〈계엄군 텔레그램…"의원 본회의장 진입 차단"〉, 〈작전도 보니…"1차 의사당, 2차 회관 봉쇄"〉, 〈단전 중 "조용한 루트 진입"…추가 작전 모색?〉 〈계엄군이 준비한 고무탄·UTM은?〉 등 리포트 4개를 잇달아 내보냈다.

반향은 뜨거웠다. 각종 라디오와 유튜브 방송은 707특임단의 텔레그램 대화방 내용을 다뤘다. 특히 김현태 단장이 국회의원을 막으라는 지시를 직접 한 사실에 주목했다. 신문, 방송 등 다른 매체들은 잠잠한 편이었다. 텔레그램 대화방 복사본을 입수 못 해 따라오지 못한 것으로 보인다.

| "기억 못 하겠다" 선택적 건망증인가 |

2월 20일 오전 8시 반쯤 큰 기대 않고 김현태 707특수임무단장에게 전화를 걸었다. 역시 받지 않았다. 전날 보도에 대해 통화 좀 하자며 문자메시지를 보냈다. 10분도 안 돼 김현태 단장의 전화가 걸려왔다. "SBS 보도에 할 말이 많다."라며 "사령부에 기자회견을 요청했다."고 말했다. 특전사가 김현태 단장의 기자회견을 주선할 리 만무했다. 전화가 연결된 김에 많은 것을 묻고 들어내야 했다. 텔레그램 대화방의 성격, 국회의원 차단과 조용한 루트 지시의 전말 등은 꼭 알아낼 필요가 있었다. 김현태 단장 전화 인터뷰의 내용은 대략 다음과 같다.

〈김현태 707특수임무단장 전화 인터뷰〉
2025년 2월 20일

김태훈: 텔레그램 단체 대화방은 그거 하고 없앤 거잖아요?

김현태: 네 그렇죠. 그거는 원래 그래요. 대부분 군부대들이 평소에 의사소통용으로 다 그런 걸 운영해요. 예를 들면 "아침 회의 모이세요." 이런 식으로. 그거는 규정상 문제가 없거든요. 그러다가 훈련이라든지 뭐 있으면 어쩔 수 없이 오늘 훈련 내용이 들어갈 거 아니에요. "9시에 비상소집이랍니다." 이런 게 들어가잖아요. 그러고 나면 또 방을 폭파하고, 또 새로 만들고, 이렇게 반복적으로 이렇게. 이번에도 어차피 그대로 일지에 다 기록돼 있으니까 "폭발하면 좋겠습니다." 해서 제가 "알았다." 해가지고 제가

먼저 빨리 나왔어요.

김태훈 : 거기 보면 테이저건은 헌재에서 했던 발언과 조금 배치가 되는 것 같아 가지고……

김현태 : 제가 이제 그 글을 남긴 게 헬기 안이에요.

김태훈 : 그렇죠. 맞아요. 시간이 헬기 안이더라고요.

김현태 : 헬기 안에서 저는 무전기도 없었고, 아주 시끄러운 상황에서 사령관 전화가 계속 울리길래 두 번을 받았어요. 첫 번째 받은 게 23시 26분이거든요. 그때 통화하면서 "어디쯤 가고 있냐." 하면서 그때 사령관 지침 준 게 아까 말씀하신 테이저건하고 또 한 건 하나 더 있잖아요. 30분, 31분에 내가 문자 남긴 거, 그거를 지침 주신 것으로 내가 추정이 되고, 사실 기억은 지금 안 나니까 추정이 되고. 그다음에 다시 헬기 안에서 23시 33분에 또 전화 왔어요. "어디쯤 가고 있냐." 그러면서 또 그때 이제 지침을 주신 게 내가 이제 까먹지 않으려고 복명 차원에서 이렇게 텔레그램 방에 남겼거든요. 근데 사실 남기고 나서 그때 헬기 안이었고, 엄청 시끄러웠고, 제가 39분에 헬기 내리면서 49분에 내리면서는 사실 기억을 못 했던 것 같아요. 아무 기억도 안 나서 그 뒤에 텔레그램 방에 보시면 제가 "내부에 진입하지 말고 외곽 봉쇄만 하자." 이런 남긴 거 있잖아요. 그거는 처음 출발할 때 받은 임무였거든요. 그래서 저는 그것만 생각나서 일단 뭐 봉쇄한 다음에 전화하면 또 지침 주겠지, 이런 생각으로 아예 기억을 못 하고 있었어요. 그 부분을 저 그렇게 쭉 흘러가서 그러니까 안규백 의원 만나도 아무 대응 안 하고 이제 문만 잠그는 생각만 하다가 끝나버렸잖아요.

> 김태훈 : 근데 저기 의원 부분은 국회의원을 막느냐 마느냐 그 부분은 이거 좀 정리가 명확하게 좀 됐으면 좋겠는데……
>
> 김현태 : 그러니까 그것도 제가 헬기가 시끄러운 상황 속에서 23시 33분에 전화를 받으면서 거기서 말씀하시는 거를 까먹지 않으려고 복명 차원에서 그 방에 남긴 건데 그거를 헬기 내리면서 이미 그거는 별로 기억을 못 했어요. 사실 뭔 뜻인지 읽어보지도 않았고…….
>
> 김태훈 : 근데 이게 보면 사전에도 좀 독특한 움직임들이 있었어요. 10시 반 전에…….
>
> 김현태 : 그거는 다 훈련 상황이라니까요. 저는 10시 반 전화 받고 알았고, 그전에는 전부 다 비상 출동태세 점검 훈련이었어요. 훈련을 위한 조치들이고, 그거는 검찰에 엄청 디테일하게 다 설명돼 있고 끝난 이야기예요.

 국회의원 차단, 테이저건 사용 등 지시는 곽종근 특전사령관으로부터 받아 복명 차원에서 암기하기 위해 텔레그램 대화방에 올렸다는 것이 김현태 단장의 설명이다. 그리고 헬기에서 내리면서부터 SBS 보도 때까지 까맣게 잊었다고 김현태 단장은 주장했다. 조용한 루트로 들어가는 것은 철수하는 방법이라고 해명했다.

 2월 20일 SBS 8뉴스 톱도 전날에 이어 707특임단 텔레그램 대화방으로 밀어붙였다. 〈707 단장 "'의원 차단' 사령관 지시 적은 것."〉, 〈'조용한 루트로 들어간다' 해놓고 철수?〉, 〈계엄 대화방 있었는데…"생성 안 했다." 거짓 해명〉 등이다. 이틀에 걸쳐 특임단의 텔레그램 대화방을 완전히 해부했다. 김현태 단장 발언으로 촉발된 회유, 거짓말 논란도 말끔히 정리됐다.

김현태 단장은 최근까지도 복명 차원, 암기용으로 텔레그램 대화방에 이런저런 글을 올렸다고 주장했다. 지시가 아니라는 뜻이다. 하지만 대화방 글 중 가장 첨예하게 논란이 되는 국회의원 차단, 국회 봉쇄의 글에 대해 특임단의 한 지역대장은 대화방에 "수신완료."라고 답했다. 특임단 내부에서 하명과 수명이 정확하게 이뤄짐으로써 김 단장의 복명용, 암기용 주장은 설득력을 잃고 있다.

2월 25일 헌법재판소의 탄핵 심판 최종 변론이 열렸다. 청구인 측이 마지막 변론일에 새로운 증거를 꺼냈다. SBS의 텔레그램 대화방 보도들이었다. 청구인 측은 SBS 리포트 3개를 그대로 방영하며 김현태 증인의 헌법재판소 증언이 거짓이었음을 밝혔다. 이에 앞서 헌법재판소는 2월 18일 변론 기일 때도 텔레그램 대화 리포트를 틀었다. 김용현 국방부 장관이 나에게 텔레그램으로 털어놓은 국회 작전의 목적을 다룬 리포트였다. 12·3 계엄의 진상을 밝히는 데 텔레그램이 큰일을 한 것 같다. 모르긴 해도 대한민국 모든 언론의 계엄 보도 중에 우리 외교안보팀의 작품들이 헌법재판소에서 가장 많이 증거로 채택됐을 것이다.

제2부.
12·3 비상계엄의 빌드업

7. 평양 추락 무인기와 북풍 의혹

| 평양 추락 무인기와 전략적 모호성 |

2024년 10월 11일 저녁 북한은 한국의 무인기가 평양 상공을 침범했다고 발표했다. 침범 일시는 10월 3일과 9일, 10일이고, 장소는 평양시 중구 상공이라고 특정했다. 밤하늘을 날고 있는 무인기와 떨어지는 전단들의 흐릿한 사진, 그리고 수거된 대북 전단 근접 촬영 사진도 공개했다. 북한의 자작극일까, 아니면 우리 군의 정찰 및 대북 전단 살포 작전이었을까. 북한이 평양 무인기 사태를 발표하던 때, 마침 국방부에서는 국회 법제사법위원회의 군사법원 국정감사가 열리고 있었다. 김용현 국방부 장관이 증인으로 나왔다. 평양 무인기 보도를 접한 정청래 법사위원장이 김용현 장관에게 물었다.

〈국회 법사위 군사법원 국정감사〉
2024년 10월 11일

정청래 : 장관님, 지금 속보가 계속 뜨고 있어요. 연합뉴스에 '북, 한국이 평양에 무인기 침투시켜 모든 공격수단 활동 태세' 이거 긴급사태 아닌가요?

김용현 : 그런 적(평양에 무인기를 보낸 적)이 없으므로, 저희가 아직까지 상황 파악을 못해서 확인해 보겠습니다.

정청래 : 조금 아까 제가 대기실로 가고 있는데 저는 잘 몰라봤는데 합참의장이 어디로 긴급하게 막 뛰어가시는 것 같아서, 왜 그런가

> 봤더니 속보가 이렇게 지금 계속 뜨고 있는데 빨리 국방부에서 파악하셔서, 이게 국민들이 불안해할 수 있거든요. 그런 부분은 잘 대처해 주시기 바랍니다.
>
> **김용현 :** 예, 그렇게 하겠습니다.

국정감사 증인으로 참석한 김용현 국방부 장관은 평양에 나타났다는 무인기에 대한 상황 파악을 못 하고 있었다. 김명수 합참의장은 평양 상공 무인기 발견 속보에 급하게 뛰어가는 모습이 정청래 의원에게 목격됐다. 장관은 모르고, 합참의장은 화들짝 놀란 사건이다. 국회 법제사법위원회 국정감사가 진행되던 중 북한은 "전군이 모든 공격수단을 동원해 대응 준비 태세에 착수했다."라고 긴급성명을 추가로 발표했다. 이 소식에 국회 법제사법위원회 국정감사는 잠시 중단됐다.

김용현 국방부 장관은 국감장을 이석했고, 김용현 장관이 없는 상태에서 국정감사는 10여 분 뒤 속개됐다. 국감장으로 돌아온 김용현 장관은 북한이 평양에서 발견했다는 무인기에 대한 우리 군의 입장을 전달했다. "북한의 주장에 대해 사실 여부를 확인해줄 수 없다."가 기본적인 입장이라며 "최근 일련의 사태에 대한 모든 책임은 비열하고 저급하고 국제적으로 망신스러운 오물 쓰레기 풍선 부양 등 도발을 자행하고 있는 북한에 있음을 경고한다."라는 합동참모본부의 공지도 소개했다. 평양 발견 무인기 관련 군의 입장이 "모른다."에서 "확인해줄 수 없다."로 돌변했다. 조국혁신당 박은정 의원 등 야당 의원들은 "우리 군이 보냈냐?"며 김용현 장관을 압박했고, 국민의힘 주진우 의원 등은 김용현 장관을 방어했다.

〈국회 법사위 군사법원 국정감사〉
2024년 10월 11일

박은정 : 그러면 무인기를 보냈다는 건가요? 확인해 줄 수 없다는 게요.

김용현 : 확인해 드릴 수가 없습니다.

박은정 : 무슨 말입니까? 무인기를 보냈다는 건가요?

김용현 : 확인해 드릴 수가 없습니다.

박은정 : 왜 확인해 줄 수가 없어요?

주진우 : 아니, 여기가 국방위도 아닌데 그걸 왜 물어보고 있어요. 박은정 위원이?

박은정 : 아니, 그런데 왜, 무인기를 보낸 게 사실입니까?

김용현 : 확인해 드릴 수가 없습니다.

이른바 전략적 모호성이다. 군이 "맞다, 틀리다.", "이거다, 저거다." 확인 안 함으로써 전략적 이익을 꾀하는 수법이다. 보통 전략적 모호성의 상대는 북한이다. 북한으로 하여금 헷갈리

게 만들려는 작전이다. 이상했다. 북한은 사진으로 공개한 무인기와 대북 전단, 전단통이 어느 쪽에서 날아왔는지 정확히 알고 있다. 북한 스스로 조작한 것인지, 남쪽에서 보낸 것인지 대북 전단만 봐도 알 수 있다. 북한은 헷갈릴 이유가 전혀 없지만 김용현 국방부 장관과 우리 군은 전략적 모호성 작전을 선택했다. 평양 발견 무인기의 정체를 몰라 답답한 쪽은 남측이다. 그렇다면 전략적 모호성의 상대는 우리란 말인가.

우리 군도 북한이 찾았다는 무인기의 실체를 어떻게든 알 수 있다. 경우의 수는 우리 군이 보냈거나, 민간이 보냈거나, 북한 조작이거나 이렇게 3가지이다. 민간 무인기가 남북의 경계를 넘어갔거나, 북한이 조작극을 벌였다면 우리 군은 조사했을 터. 우리 군이 무인기를 평양으로 보냈다면 조사할 이유가 없다. 그래서 나는 국방부 정례 브리핑 때 합동참모본부에 공식 질의했다.

〈국방부 정례 브리핑〉

2024년 10월 17일

김태훈 : 평양에 출몰했다고 북한이 주장하는 무인기 관련해서 합참이 어떤 무인기가 갔나, 안 갔나, 민간에서 보냈나 등등 조사하고 있나요?

공보실장 : 조사하고 있지 않습니다.

김태훈 : 조사하고 있지 않다면 지금 합참이 사실관계를 잘 확인하지 않

고, 전략적 모호성을 우리가 지금 추구하고 있지 않습니까? 조사하고 있지 않다는 거는 누가 보냈는지 가장 잘 알고 있으니까 조사하고 있지 않다 그렇게 보면 되는 거 아니에요?

공보실장 : 글쎄요. 그 생각에는 동의할 수 없고요. 평양 상공에 나타난 무인기를 합참이 왜 조사를 해야 되는지 모르겠어요. 그것은 북한이 밝혀야 될 일이라고 봅니다.

김태훈 : 그러니까 우리 서해가 됐든, 동해가 됐든, 아니면 휴전선을 통해서 갔다 왔다 했을 수가 있으니까 그 여부를 우리도 조사할 수요는 있잖아요.

공보실장 : 군은 10월에 일어났던 그러한 군사적 상황들에 대한 정보를 가지고 있고, 북한이 주장했다고 해서 거기에 대해서 추가로 뭔가 조사할 필요성은 없다고 봅니다.

김태훈 : 그러니까 군사적 정보를 갖고 있는 거죠? 그 일련의 평양에서 밤에 벌어졌던, 세 번 벌어졌던.

공보실장 : 그 상황에 대한 정보를 갖고 있다고 말씀드리지 않았습니다.

김태훈 : 조사하고 있지 않다니까 우리는 다 알고 있고, 더 나아가서 생각해 보면 우리 군이 보냈으면 조사할 필요가 사실 없거든요.

공보실장 : 확인해 드릴 게 없네요.

김태훈 : 그러니까 우리 군이 보냈으면 북한이 어떻게 반응할지도 계산에 넣었을 거고, 북한이 저렇게 군사적으로 의미 있는 반응을 하게 되면 사실 우리 군이 만약 보냈다면 이거 '북풍'이라고 해석할 수도 있어서 그런 우려가 있어서 그래요.

공보실장 : 드릴 말씀은 없습니다.

만약 우리 군이 평양에 무인기를 보냈다면 북한은 낙하물을 수거해 무인기의 정체를 알아냈을 테고, 우리 군은 우리 소행이라서 잘 알고 있으니까 별도로 조사할 필요가 없다는 가설이 성립된다. 실제로 북한은 평양에서 발견됐다는 무인기의 출처를 남측이라고 단정했고, 우리 군은 어떤 조사도 하지 않았다. 느낌이 씨했다. 북풍의 냄새가 짙게 났다. 그래서 국방부 브리핑에서 감히 북풍을 입에 올렸다. 공식 석상에 나온 무인기 관련 첫 북풍 발언이다. 김수형 외교안보팀장으로부터 섣부르게 북풍을 말했다고 핀잔을 듣긴 했지만 지금 생각해 보면 국방부 브리핑 때 북풍 발언은 잘한 것 같다. 그들에게 작으나마 경고는 됐을 테니까.

북한은 2024년 10월 19일 또 평양 발견 무인기 관련 발표를

2024년 10월 북한이 평양에서 발견했다며 공개한 무인기 사진.

했다. "객관적이며 과학적인 수사를 통해 한국 군부의 중대 도발 사건의 결정적 물증을 확보했다."라며 무인기의 근접 촬영 사진, 비행 경로표 등을 내놨다. 평양 발견 무인기의 사진은 영락없는 우리 군 드론작전사령부의 정찰 무인기였다. 분위기가 군의 의도와 달리 흘러갈 기미를 보이자 국민의힘 모 의원 측에서 "우리 무인기와 다르다."라며 각종 사진과 도표로 뒤덮인 자료를 냈다. 손바닥으로 하늘 가리기였다.

선후배 장교들의 신망을 받는 한 예비역 장성에게 평양 발견 무인기에 관해 물어봤다. 그는 "김용현 군부가 천박한 전략적 판단으로 위험한 작전을 하고 있다."라고 단언했다. 그 예비역 장성은 평양 발견 무인기가 우리 군의 북풍 유도임을 확신했다. 하지만 2024년 10월 더 이상 북풍은 이야기되지 않았다. 평양에 정체불명 무인기가 뜬 사건은 그렇게 잊히는가 싶었다.

| 평양의 무인기는 북풍용 미끼인가? |

2024년 12월 3일 계엄이 터졌다. 야당 의원들은 두 달 전 벌어진 평양 무인기 발견 사건을 다시 꺼냈다. 우리 군 드론작전사령부가 평양에 무인기를 보내서 의도적으로 들켰고, 북한의 군사적 대응을 유도했다는 북풍 공작 의혹을 제기했다. 나는 살짝 고민이 됐다. "계엄으로 한국 사회가 폭발 직전인 가운데 불명확한 북풍을 꺼내 북한까지 난리 통에 끌어들이는 것이 맞나."라는 생각에서다. 현역 장교들하고 이 문제를 놓고 토론했고, 조심해서 접근하는 것이 상책이라는 결론에 다다랐다.

가능하면 북풍으로는 가지 말았으면 했지만 현실은 제멋대로 흘렀다. 먼저 노상원 전 정보사령관 김용현 국방부 장관과 북한 오물 풍선 원점 타격을 논의했다고 SBS에 실토했다. 결정적으로 경찰 조사 결과, 노상원 전 사령관의 수첩에서 'NLL에서 북 공격 유도'라는 메모가 나왔다. 김용현 장관과 노상원 전 사령관이 북한의 대남 군사적 공격을 유도하는 북풍을 구상했다는 합리적 의심이 아니 들 수 없었다. 북의 공격을 유도하려고 했던 것이 사실이라면 외부 세력과의 마찰을 초래하는 외환 유치에 해당한다. 외환죄는 내란죄를 능가하는 큰 죄이다. 그들이 워낙 상상 초월의 사고와 행동을 하는지라 그들의 목적을 달성하기 위해 외환도 피하지 않았을 것 같았다.

북한을 계엄 판에 끌어들일 우려가 있었지만 김용현, 노상원 등의 말과 행동을 보건대 실재했을 가능성이 작지 않은 북풍 유도설도 취재할 필요성과 명분이 충분해졌다. 때마침 기막힌 사고가 발생했다. 계엄 수사가 본격화되던 2024년 12월 8일 드론작전사령부의 컨테이너에 불이 났다. 야당이 북풍을 제기하자 북풍의 증거가 쌓여있던 드론작전사령부의 컨테이너에 누군가 일부러 불을 놓은 것은 아닐까? 북풍 증거인멸의 기운이 느껴졌다. 도대체 그 안에 무엇이 있었을까?

2024년 12월 10일 국회 국방위원회 전체회의에서 김용대 드론작전사령관은 "자연 발화로 보고를 받았다.", "드론 손상은 없고, 단지 그 부수 기재와 발사대 정도가 손상을 입었다."고 진술했다. 야당 의원들은 드론작전사령부의 컨테이너에 북파 무인기가 있었고, 군이 북풍의 흔적을 숨기기 위해 12월 8일 컨테이너에 불을 지른 것이라고 밀어붙였다. 김용대 사령관은 일축했다. 자연 발화로 부수 기재, 발사대 등만 피해가 났다며 버텼다.

국회 국방위원회 전체회의 이후 일주일 정도가 흘렀다. 국방부 청사 뒷문 밖을 어슬렁거리다 김용현 국방부 장관과 가까운 한 당국자를 봤다. 계엄 사태가 터지자 전화를 일절 받지 않던 사람이다. 무턱대고 달려가 팔짱 끼고 청사 밖 구석으로 데리고 갔다. 풀리지 않은 의문, 컨테이너 안에서 불에 탄 것은 무엇인지를 집중적으로 캐물었다.

그의 대답은 신선했다. "불에 탄 것은 무인기가 아니다.", "북한과 관련된 어떤 물건이 탔다."라고 말했다. 평양 발견 무인기 사건에서 무인기를 뺀 북한 관련 물건이라면 뻔했다. 대북 전단, 전단통, 항적 자료(무인기 비행 데이터) 등이다. "3가지 중 어느 것이냐?"고 묻자 그는 "세 번째 것은 모르겠다."라고 답했다.

대북 전단과 전단통이 탔을 가능성이 컸다. 누군가로부터 간단히 크로스체크만 되면 거의 완벽한 팩트였다. 김용현 국방부 장관과 가까운 자리에 있던 사람들에게 묻고 또 물었다. 목격자 한 명이 나타났다. 그는 "장관이 통화하는 걸 옆에서 들었고, 장관은 컨테이너 안에 있던 물건에 대해 상대방과 이야기했다."라고 설명했다. 컨테이너 화재 전에 어떤 인물과 드론작전사령부 컨테이너 안의 물건에 대해 의견을 나눴다는 것이다. "그 물건의 정체는 전단통과 전단 같다."라고 덧붙였다.

2024년 12월 8일 드론작전사령부 컨테이너 화재로 대북 전단과 전단통이 소실됐다고 판단하기에 부족함 없는 취재가 완성됐다. 12월 24일 SBS 8뉴스에 〈"같은 전단통 불탔다."…'평양 무인기' 증거 없애려?〉를 보도했다. 비상계엄 나흘째 되는 날, 드론작전사령부 컨테이너가 의문의 화재로 불탔고, 그 안에 평양 무인기에서 떨어진 것과 같은 전단통, 대북 전단 등이 소실됐다는 내용이었다. 북풍 유도설이 진실일 가능성이 있는 만큼 수사가 필요하다고 촉구했다.

그날 밤 야당 모 의원의 전화를 받았다. 그 의원은 "컨테이너에서 불탔다고 사령관이 인정한 부수 기자재가 전단통과 대북 전단이라면 사령관은 진실을 말한 셈."이라고 촌평했다. "컨테이너 화재로 무인기는 소실되지 않았다."라는 드론작전사령관의 말이 거짓은 아니라는 뜻이다. 그리고 "종이와 플라스틱으로 만들어진 대북 전단과 전단통이 타버렸으니 조사해도 진상은 안 나오겠다."라고 말했다. 그는 의미심장한 말도 남겼다. "드론작전사령부의 모 간부가 무인기의 평양 비행 항적 자료를 갖고 있는데 우리는 못 찾고 있다." 의원의 말을 듣고 항적 자료도 쫓아봤지만 실패했다.

| 연천과 평양 무인기는 같은 기종! |

북한 평양 발견 무인기와 우리 군의 북풍 공작 의혹을 연결하는 결정적 고리가 하나 있다. 2024년 10월 12일 새벽 경기도 연천 임진강 변에 추락한 우리 군 드론작전사령부의 무인기이다. 북한이 평양에 무인기가 침투했다고 발표한 것이 2024년 10월 11일이다. 다음 날 새벽 드론작전사령부의 무인기가 북한과 가까운 연천에 추락했으니까 평양 무인기와 연천 무인기의 시공간적 배경이 서로 유의미하다. 여기에 평양과 연천의 무인기가 같은 기종이라면 대단히 골치 아픈 국면이 전개될 수밖에 없다. 다음은 2025년 1월 14일 국회 내란 국정조사 특별위원회의 청문회 중 더불어민주당 김병주 의원과 김용대 드론작전사령관의 질의답변이다.

〈국회 내란 국정조사 특위〉

2025년 1월 14일

김병주 : (2024년) 10월 11일 23시 8분에 평양에 무인기 보도가 일어났고, 그리고 야간 23시경에 합참에서는 여기에 관련해서 화상회의 하겠다고 해서, 그다음 날 12일 날 9시에 이례적으로 아침 일찍 합참의장 주관 VTC (Video teleconferencing. 화상 원격회의) 했었지요?

김용대 : 그다음 날 오전에 한 것으로 제가 기억을 합니다.

김병주 : 기억이 뭐예요. 이건 확실한 거지. 그리고 10월 12일 날 그날 새벽 네 시 반경에 연천경찰서에서 무인기 추락 주민신고가 있었잖아요.

김용대 : 예.

김병주 : 연천 추락 무인기 사진은 연천경찰서에서 보관하고 있고. 알고 있지요?

김용대 : 경찰서에 사진 있는지는.

김병주 : 그렇기 때문에 이런 것들이 의혹이 제기되면 명확하게 답을 해야지.

2024년 10월 경기도 연천과 북한 평양에 며칠 간격으로 추락한 무인기는 같은 기종으로 나타났다.

연천에 추락한 무인기의 사진이 나오지 않아 의혹이 제대로 풀리지 않고 있었다. SBS '그것이 알고 싶다' 팀이 활로를 뚫었다. 취재팀이 연천과 임진강 변을 샅샅이 뒤져 추락 무인기 신고자를 찾았다. 신고자는 '그것이 알고 싶다' 취재진에게 "군경이 휴대전화에 저장된 사진을 지우라고 해서 지웠다."라면서도 "신고할 때 문자 메시지로 보낸 사진은 남아있다."라고 했다.

'그것이 알고 싶다' 팀이 신고자로부터 연천 추락 무인기의 사진을 확보했다. 평양에 떨어진 무인기와 엔진, RF 안테나까지 똑같은 드론작전사령부의 정찰용 무인기였다. 하루 이틀 사이에 평양과 연천에 나타난 무인기는 똑같은 기종이었다. '그것이 알고 싶다' 팀은 또 하나 특이점으로 드론작전사령부의 정찰용 무인기가 레이더 피탐 면적(RCS)과 소음이 커서 교육용으로 전환

7. 평양 추락 무인기와 북풍 의혹   127

된 사실도 파악했다. 이런 내용을 담은 '그것이 알고 싶다-노병이 꿈꾼 신세계, 작전명 백령도'편은 2025년 1월 25일 방송됐다.

내가 추가 취재한 결과, 교육용은 아니었다. 방위사업청이 신속획득사업으로 먼저 4대를 들여와 시험 평가했고, 소음과 RCS가 커서 교육용 정도로 판단한 것은 맞다. 그리고 해당 사업은 종료됐다. 1~2년 뒤인 2022년 12월 26일 북한 무인기가 서울 한복판을 휘젓고 돌아가는 사건이 발생했다. 윤석열 대통령이 ADD(국방과학연구소)를 방문해 우리 군도 평양 침투가 가능한 무인기를 확보하라고 채근했다. 다급해진 ADD는 소음과 RCS가 커서 교육용으로나 쓸 직한 신속획득사업 무인기를 다시 꺼내 살짝 개량해서 드론작전사령부에 80여 대 공급했다. 작전용 부적합 기체가 대거 드론작전사령부에 들어간 셈이다.

어찌됐든 드론작전사령부의 무인기는 소음과 RCS가 크다. 드론작전사령부 무인기가 자주 날아다니는 연천 지역 주민들은 '그것이 알고 싶다' 팀에 "무인기 날아다니는 소리가 너무 커서 시끄럽다."라고 호소할 정도였다. 북한으로 날아가면 십중팔구 들킨다. 며칠 간격으로 평양과 연천에 바로 이 RCS와 소음이 큰 무인기가 나타났다. 야당의 북풍론에 힘이 실릴 수밖에 없다. 군은 요지부동이다.

〈국회 내란 국정조사 특위〉

2025년 1월 14일

강선영(국민의힘 의원) : 일부 확성기 방송이라든지, 오물 풍선에 대한 대응, 그다음에 이런 것들을 북풍 공작으로 몰아가고 있는데 이러한 사항이 없도록 의장님은 어떠한 생각을 갖고 계십니까?

김명수 합참의장 : 기본적으로 북풍이라든가, 외환 유치라는 얘기를 하는데 군은 그렇게 준비하거나, 계획하거나, 그런 정황을 가지고 있는 것은 절대 없다고 이 자리에서 말씀드립니다. 제 직을 걸고 말씀드립니다. 외환이라는 용어를 쓴다는 것은 근본적으로 저는 군을 무시한다고 생각합니다. 저희들의 임무는 헌법에 명시된 국토방위의 신성한 임무를 수행하는 게 군이고, 지금 전방에서 추운 상태에서도 그들이 수행하고 있는 그 자체가 우리의 임무를 수행하고 있는 것입니다. 만약에 이런 것을 가지고 북풍이라는 이런 얘기를 쓴다고 그러면 모든 것이 거기에 함몰될 수 있다는 생각입니다. 군사작전은 절대로 이렇게 조사나 수사의 개념이 아니라 지휘관의 판단과 결심 영역이 존재해야 한다고 생각합니다. 자꾸 이런 것을 가져오면 군이 정치적 중립을 보장받아야 하는 그런 데에서는 저는 굉장히 유감스럽게 생각합니다.

북풍과 외환은 군을 흔들기 위한 의혹 제기가 아니다. 김용현 국방부 장관이 노상원 전 정보사령관과 함께 비상계엄의 조건을 조성하기 위해 북풍 공작으로 외환을 일으키려고 한 정황이 있으니까 이를 규명하기 위해 의심하고 질문하는 것은 당연하다. 상식적인 의혹 제기이다. 김명수 합참의장은 직을 걸고 북풍 공작은 없다고 말했다. 대단한 강단이다. 계엄의 밤, 김용현 장관에게 지휘봉을 빼앗길 때는 왜 그런 강단이 안 나왔을까. 계엄 앞에서 수그리고, 야당 앞에서 치솟는 선택적 강단인가.

어디에나 끼어드는 계엄의 감초, 노상원 전 정보사령관. 시계를 조금 뒤로 돌려서 2024년 12월 19일로 가보자. 모 매체 기사 중에 "군 소식통은 '노 전 사령관이 군 무인기 사업에도 참여하려고 했다.'고 말했다.", "노 전 사령관은 이스라엘제 드론을 군에 도입하려는 시도를 한 것으로 알려졌다."라는 두 문장이 실렸다. 추가적인 정보는 없었다. 망할, 노상원이 무인기 사업에까지 손을 뻗친 것인가.

밑져야 본전이라는 심정으로 평소에 교류했던 무인기 사업자들에게 전화를 돌렸다. 어렵지 않게 노상원의 무인기 사업 흔적을 찾을 수 있었다. 무인기 업계에서 노상원은 이미 유명했다. "노상원을 아느냐?"고 물어보자 한 업체의 사장은 술술 이야기 보따리를 풀어냈다.

〈무인기 업체 대표 전화 인터뷰〉
2024년 12월 19일

무인기 업체 대표 : 노상원 알고 있죠. 중국산 드론이에요. 자문을 했어요. 심리전 하는 무인기 기체가 한국산이면 나중에 문제가 되잖

> 아요. 전시나 비상상황일 때. 간단히 말하면 삐라를 뿌리는 용도
> 로 장거리 기체를 운영해요. 그 업무 관련해서 업체들하고 커넥
> 션 있는 정도는 알고 있어요.
>
> **김태훈** : 노상원이?
>
> **무인기 업체 대표** : 자문을 했다고 했잖아요. 정보사 쪽에 소개를 해주고,
> 그랬던 것으로 알고 있어요.
>
> **김태훈** : 중국 드론……. 정확하게 얘기하면 정보사에 이런 드론 사용하
> 라고 한 거예요?
>
> **무인기 업체 대표** : 영업을 해준 거죠. 업체 입장에서 정보사에 소개해준
> 거죠. 이것들은 중국산이라도, 써도 성능이 잘 나온다고 뭐 이런
> 정도의 수준으로.
>
> **김태훈** : 영업을 뛰어준 거구나. 오랫동안 했겠네요.
>
> **무인기 업체 대표** : 2~3년 정도 한 것으로 알고 있어요.

연천에 추락한 무인기의 항공전자장비들도 중국제로 드러나고 있다. 노상원 전 정보사령관이 영업한 장비가 아닌지 의심을 아니 할 수가 없다. 이런 취재를 거쳐 12월 20일 SBS 8뉴스 〈"중국산 드론 브로커"…군 이권 사업 개입했나〉 보도가 나왔다. 노상원 전 사령관이 우리 군 정보사 등에 중국산 드론을 공급하는 브로커 역할을 했고, 이 과정에서 김용현 국방부 장관의 입김이 작용했을 가능성을 짚었다. 당장이야 겨를이 없겠지만 노상원과 김용현의 군 이권 사업 개입 여부도 수사할 필요가 있

다고 촉구했다.

해결하는 데 시간이 제법 걸린 무인기 사건 제보들이 몇 개 있었다. 계엄 두 달 만에 어렵사리 답을 찾았다. 방첩사령부에서 2024년 10월 평양 상공에 떴다는 무인기를 조사해 보고서를 생산했지만 여인형 방첩사령관이 조사를 중단시켰다는 내용이다. 추가 심층 조사를 지시해도 시원치 않은데 여인형 사령관은 조사를 덮었다. ADD가 32억 원을 들여 문제의 무인기들을 만들어 드론작전사령부에 무상증여했다는 사실도 확인했다. 내 예산으로 무기 제작해 공짜로 남한테 넘겨주는 사례는 한국 방위사업에서 유례가 없다. 또 드론작전사령부가 3D프린터를 구입했지만 숨겼고, 이 프린터로 전단통을 만들었을 가능성이 높다는 점도 확인됐다. 2025년 2월 9일부터 12일까지 SBS 8뉴스를 통해 〈'북풍 의혹' 무인기…절차 없이 '날림' 도입〉, 〈'북풍 의혹' 군, 3D프린터 구입 왜 숨겼나?〉, 〈"방첩사 지휘부, 무인기 보고서 삭제 지시"〉를 연속 보도했다. 평양에서 발견된 무인기의 완전한 실체가 밝혀질 날이 멀지 않은 것 같다.

8. 계엄 모의와 한밤의 말다툼

| **최소 1년 전부터 계엄을 논했다!** |

2024년 12월 21일 토요일 오후 문득 한 사람이 떠올랐다. 전쟁과 같은 계엄 취재와 보도로 한동안 잊고 있었다가 간만에 여유를 누리던 주말 그가 생각났다. 충암파 행동대장 여인형 방첩사령관에 정통한 인물이다. 그가 열흘 전쯤 "계엄 전에도 윤 대통령이 여담처럼 여 사령관 등에게 계엄을 이야기했었다."라는 말을 해준 적이 있었다. 그때는 경황이 없어 듣고 넘겼지만 다시 생각해 보니 빅뉴스다 싶어 소파에서 벌떡 일어나 전화했다. 계엄 전 여인형이 윤석열 대통령, 김용현 국방부 장관과 언제 어디서 계엄을 논했는지 이렇게도 물어보고, 저렇게도 물어봤다.

여인형 방첩사령관의 말과 자술 메모에 근거한 그의 대답은 놀라웠다. 윤석열 대통령 입에서 계엄이 나온 시점이 계엄 1년 전인 2023년 12월이었고, 그때 서울 종로구 삼청동 대통령 안가에 김용현 당시 경호처장과 조태용 국정원장, 신원식 당시 국방부 장관, 여인형 방첩사령관, 김명수 합참의장 등이 있었다는 것이다. 2023년 12월 삼청동 안가 회동에서 윤석열 대통령은 더불어민주당의 연쇄 탄핵 시도를 거론하며 "지금 시국에서 비상조치, 비상대권 말고는 방법이 없다."라고 말했다. 윤석열 대통령이 처음으로 계엄을 입에 올린 시점으로 추정된다. 조태용, 신원식, 여인형 등은 "그런 생각 하시면 안 된다.", "요즘 군인들은 과거와 다르고, 계엄 훈련도 안돼 있다."라며 반대했다. 윤석열 대통령은 "여러분이 이렇게 하면 할 수 있는 게 없다."라며 답답함을 토로했다.

이들은 2024년 3월에도 계엄을 논의했다고 한다. 이때부터 김용현 당시 경호처장도 윤석열 대통령을 좇아 계엄 맹신론자가 됐다는 것이 그의 설명이다. 이날 유의미한 사건이 벌어진다. 삼청동 대통령 안가에서 윤석열 대통령 주재로 계엄을 토의한 뒤 김용현 경호처장과 신원식 국방부 장관은 용산구 한남동의 국방부 장관 공관으로 자리를 옮겼다. 그리고 장관 공관에서 한밤의 계엄 말다툼을 벌였다.

국방부 장관 공관에서 김용현 당시 경호처장은 "비상계엄은

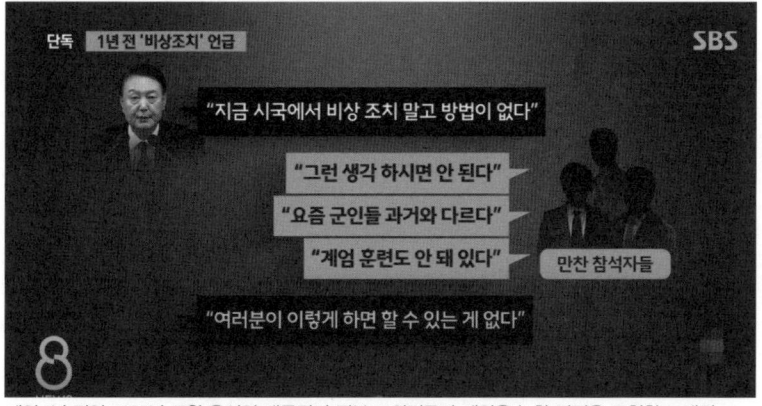

계엄 1년 전인 2023년 12월 윤석열 대통령이 정부 고위직들과 계엄을 논한 장면을 표현한 그래픽.

대통령의 권한 행사일 뿐 쿠데타도, 잘못된 것도 아니다."라고 강변했다. 신원식 당시 국방부 장관은 "정치적인 문제를 푸는 데 계엄은 솔루션이 될 수 없다."라고 맞받았다. 김용현 처장이 이 정도로 계엄을 밀어붙인 것을 보면 윤석열 대통령의 계엄 실행 의지는 2024년 3월 이미 확고했다. 대통령의 뜻을 계엄 유관 기관인 국방부의 수장이 반대하는 상황이라서 김용현 처장은 신원식 장관을 크게 나무란 것으로 보인다. 육사 1년 선배인 신원식 장관은 물러서지 않고 반발한 것 같다.

윤석열 대통령의 계엄 언급은 계속됐다. 여인형 방첩사령관에 정통한 소식통에 따르면 2024년 10월 1일 국군의 날 시가행진 직후 삼청동 대통령 안가에 마련된 장성 격려 자리에서도 윤석열 대통령은 계엄을 말했다. 10월 안가 회동 참석자는 김용현 당시 경호처장, 여인형 방첩사령관, 이진우 수도방위사령관, 곽종근 특전사령관 등이다. 소식통은 "그밖에 다른 장성도 몇 명 더 있었다."라고 말했다. 계엄 2개월 전 육군 최고 지휘부 여럿이 군 통수권자의 계엄 의지를 간파했지만 누구 하나 말리거나 계엄을 저지할 대책을 내놓지 못했다.

| 한겨레의 도움…'한밤의 계엄 다툼'은 건졌다 |

이 정도 이야기를 들었으면 이곳저곳에 확인을 해야 했다. 삭막했다. 확인할 사람이 더 이상 없었다. 물어봐야 할 사람들은 죄다 구속기소 됐지 않은가. 12월 22일까지 손톱만 물어뜯으며 시간을 보냈다. 12월 23일 아침 한겨레신문이 내가 취재한 것과 상당히 유사한 기사를 내보냈다. 2023년 12월과 2024년 3월 윤석열 대통령이 김용현, 신원식, 여인형 등을 불러 계엄을 논의했다는 내용이었다. 시간 끌다가 특종 놓친 아쉬움은 작았고, 일종의 크로스체크라서 오히려 고마움은 컸다. 또 가장 결정적 장면인 김용현-신원식 한밤의 계엄 말다툼 등은 한겨레신문이 손을 안 대고 남겨줬다.

2024년 12월 23일 SBS 8뉴스에 〈윤 대통령, 1년 전 "비상조치 말고는 방법 없다"〉와 〈김용현-신원식, 계엄 놓고 밤늦도록 '고성 다툼'〉 기사를 내보냈다. 내 취재에서 한겨레 기사와 겹치는 부분을 뺀 내용이었다. 반향은 컸다. 김용현 당시 경호처장과 신원식 당시 국방부 장관의 계엄 말다툼이 사람들의 이목을 끌었기 때문이다. 그들이 계엄을 놓고 다퉜다는 사실은 이후 벌어진 윤석열 정부 인사의 미스터리를 풀 수 있는 열쇠가 됐다. 계엄 1년 전부터 윤석열, 김용현 등이 계엄을 기획했다는 사실이 놀라웠고, 아무도 두 사람을 말리지 못했다는 것 또한 믿기 어려웠다. 계엄 비밀은 또 어찌 이토록 철저히 지켜졌는지.

3월 장관 공관 김용현-신원식 말다툼 5개월 뒤인 2024년 8월 12일 대통령실은 깜짝 인사를 발표했다. 김용현 경호처장은 국방부 장관으로, 신원식 국방부 장관은 국가안보실장으로 한 클릭씩 이동하는 인사였다. 장호진은 국가안보실장에서 외교안보 특별보좌관으로 밀려났다. 국방부 장관 교체의 조짐이 전혀 없던 가운데 벼락같이 단행된 인사라서 군은 크게 술렁였다. 공식 인사 발표 한 달 전에 신원식 국방부 장관 기용 예측 기사를 썼을 정도로 국방부와 군 인사를 잘 맞추기로 정평이 났던 나로서도 한 방 제대로 먹은 기분이었다. 여러 장교들이 "김용현 국방부 장관 인사를 눈치챘었나?"라고 물어보는데 난감했다.

많은 이들이 윤석열 정부의 김용현 국방부 장관은 어지간하면 나올 수 없는 그림이라고 생각했었다. "문재인 정부의 안보가 역겹다."라는 막말성 발언을 시작으로 대통령실 용산 이전 추진, 입틀막 경호 등 공격적 행실로 김용현은 야당 최고의 적이었다. 국방부 장관이 되려면 꼭 거쳐야 하는 인사청문회의 혈투가 명약관화였다. 김용현도 이를 뻔히 알고 있어서 청문회 거치는 장관직을 원치 않을 것이라고 호사가들은 말했다.

미제의 미스터리로 끝날뻔 했던 8월 국방부 장관 인사의 내막이 3월 두 사람의 말다툼으로 한방에 해소됐다. 계엄에 반대하는 신원식이 국방부에 똬리를 틀고 있는 한 계엄은 불가능했다. 계엄을 치를 수 있는 사람이 국방부 장관이 돼야 했다. 계엄 반대의 신원식을 국가안보실장에, 계엄 맹종의 김용현을 국방부 장관에 앉힌 이유는 자명했다. 계엄을 위한 원포인트 인사! 신원식의 국가안보실장 기용에 대해 혹자는 "계엄 반대 신원식을 팽했다가 계엄 정보가 샐 수도 있어서 눈물을 머금고 안보실장에 앉혔다."라고 촌평했다.

| 2024년 여름, 계엄의 소문들 |

2024년 여름 김용현 국방부 장관 인사 발표에 앞서 슬슬 계엄의 비밀이 누설됐다. 내 귀에 계엄 모의 첩보가 들어온 것은 2024년 7월이었다. "대통령실이 아주 특이한 명분의 계엄을 준비하고 있다.", "의지가 확고하다.", "계엄의 방식도 독특한 것으로 안다."는 국가정보원 소식통의 전언이었다. 세상 누구도 계엄을 말하지 않았던 시점이었다. 21세기의 복판, 민주주의와 경제의 강국 대한민국에서 계엄이라니. 신뢰도 높은 소식통의 말이었지만 대통령실이나 국방부에 확인할 엄두를 못 냈다. 이상한 사람 취급받을 것 같아서 회사에 정보보고도 하지 않았다.

더불어민주당 김민석, 김병주, 박선원 의원 등이 8월 들어 계엄을 말하기 시작했다. 많은 이들이 음모론이라고 손가락질했어도 몇 주 전에 계엄 첩보를 들은 나로서는 모골이 송연해졌다. 그래도 다행이라고 생각됐다. 야당에서 이렇게 계엄을 성토하는데 감히 누가 계엄을 하랴. 여당 국민의힘은 더불어민주당의 계엄론 공세에 계엄 망언 규탄 논평을 내며 격하게 반발했다.

국민의힘 논평/2024년 8월 17일

국민은 민주당의 황당한 막말 퍼레이드를 언제까지 지켜봐야 합니까?

국회 국방위 소속 민주당 김병주 의원이 대통령의 김용현 국방부 장관 후보자 지명과 관련해 '탄핵과 계엄 대비용이 아니냐'는 망언을 하였습니다. "탄핵 상황이 오면 계엄을 선포하는 것이 우려된다."며 "친정 체계가 구축되면 쉽게 결정할 수 있다."는 황당무계한 의혹을 제기하였습니다. 시도 때도 없이 '탄핵'을 입에 올린 것도 모자라, 이제는 '계엄'까지 거론하고 있는 것입니다.

야당이 이렇게 계엄 운운하는 것은 문재인 정권 시절 '기무사 계엄 문건' 수사의 추억이 떠올랐기 때문입니까? 당시 검사를 37명이나 투입하여 90곳 넘게 압수 수색 해가며 100일 이상 수사를 벌였음에도 그 어떤 내란 음모의 흔적도 찾지 못했습니다. 결국, 그저 전임 박근혜 정부를 공격하기 위한 불쏘시개로 삼았을 뿐이었습니다.

애초 민주당 의원의 '계엄' 가능성 언급 그 자체가 극단적 망상입니다. 헌법 제77조 5항에 따르면 국회가 재적의원 과반수 찬성으로 계엄 해제를 요구하면 대통령은 이를 해제하여야 합니다. 민주당 단독으로 과반이 훌쩍 넘는 170석을 갖고 있는 상황에서 계엄을 운운하는 건 선동의 목적으로밖에 볼 수 없습니다.

이런 사실을 예비역 육군 4성 장군 출신인 김병주 의원이 모르지 않을 것입니다. 그럼에도 이토록 근거 없는 무책임한 발언을 늘어놓는 것은 민주당 전당대회 상황과 무관하지 않습니다. 걸핏하면 탄핵을 입에 담고, 국민이 민주적으로 선출한 정부에 독재의 이미지를 덧씌우려고 노력함으로써 "여전히 독재 시대에 살고 있는 가장 민주적인 시민들."이라는 시대착오적 착각에 빠지게 하고, 당내 강성 지지층의 표심에 호소하고자 하는 의도가 분명해 보입니다.

그러나 국민이 민주적으로 선출한 정부를 부당한 탄핵으로 전복하려는 시도야말로 가장 비민주적이며, 국민을 배신하는 행태임을 알아야 할 것입니다. 김병주 의원의 망언은 상습적이기까지 합니다. 김병주 의원은 지난달 국회 대정부질문에서는 "정신 나간 국민의힘 의원들."이라며 핏대를 올렸던 장본인입니다. 이로 인해 당내 지지층에게는 환호를 받았을지 모르나 대정부질문은 파행될 수밖에 없었습니다.

민주당 최고위원 후보로 뛰고 있는 전현희 의원도 마찬가지입니다. 법사위 검사 '억지' 탄핵 청문회에서 청문회 주제와 전혀 관련 없는 권익위 간부의 안타까운 죽음을 소재 삼아 대통령 부부에게 '살인자'라는 극언을 쏟아냈습니다. 민주당 최고위원 후보들은 당내의 강성 지지층만 보이고 국민은 전혀 보이지 않는 것입니까? 전당대회 막판 표심을 자극하는 이런 발언들은 당내 일부 지지자들에게는 '사이다'일 수 있으나 대다수 국민에게는 인상 찌푸리게 만드는 '저질 막말'로 기억될 뿐입니다.

입법부의 권위를 스스로 떨어뜨리고 국민들의 정치불신만 가중시키는 황당한 음모론과 막말 퍼레이드, 이쯤 했으면 그만하시기 바랍니다.

> 이제는 제발 민심 무서운 줄 알고 품격있는 국회가 될 수 있도록 말을 가려서 하길 촉구합니다.

여기서 떠오르는 의문 하나! 국민의힘은 사전에 계엄을 몰랐을까? 2024년 여름 일개 기자의 귀에도 계엄 소문이 들어왔다. 권력과 동떨어진 더불어민주당도 일찌감치 계엄을 눈치챘다. 윤석열-김용현의 권력과 한 몸인 국민의힘만 계엄을 몰랐다? 믿기 어렵다.

2024년 9월 2일 김용현 국방부 장관 후보자에 대해 인사청문회가 열렸다. 야당은 계엄 국정조사를 하듯 김용현 후보자를 공격했다. 김용현 후보자는 정치공세, 망상 등의 용어를 들며 방어했다. 이제 와서 보면 야당의 정보력과 공세는 대단히 날카로웠고, 김용현의 후안무치는 역대급이었다. 인사청문회에서 나온 계엄 관련 주요 발언은 다음과 같다.

> 〈국회 국방위원회 인사청문회〉
> 2024년 9월 2일
>
> **박선원** : 계엄 준비를 위해서 가장 충성스러운 사람을 주요 직위에 채워 넣었습니까? 아니면 그런 사람만 지금 계속 고르고 있지요? 후보자, 질문입니다. 대답하세요. 최근 이진우 수도방위사령관, 곽

종근 특전사령관, 여인형 방첩사령관을 한남동 공관으로 불렀지요? 출입 기록을 남기지 않으려고 입구에서 경호처 직원의 안내로 불러들여서 무슨 얘기 했습니까? 계엄 이야기 안 했습니까? 내란예비음모로 비칠 수 있음을 명심하십시오.

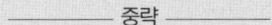 중략

김민석: 후보자, 장관 되신 다음에 계엄 발동 건의할 생각은 없으시지요? 그냥 "예, 아니요."만 해주세요.

김용현: 없습니다.

김민석: 오케이. 어제 이재명 대표가 계엄 얘기한 것에 대해서 대통령실에서 "말도 안 되는 거짓 정치공세다." 이것도 당연히 동의하시겠지요?

김용현: 예.

김민석: 그렇게 얘기한 이유는 윤석열 정부는 계엄을 안 할 거다, 해도 국회에서 바로 해제가 될 거다 그겁니다. 제가 얼마 전에 이렇게 얘기했습니다. "김용현 후보자를 국방부 장관에 갑자기 임명하려는 것과 대통령의 반국가세력 발언은 김건희 여사의 감옥행을 막기 위한 계엄 준비 작전이다." 이것도 말이 안 되는 정치공세라고 생각하시는 게 당연하겠지요?

김용현: 동의하지 않습니다.

김민석: 오늘 그 얘기를 좀 해보겠습니다. 대통령께서 후보자한테 "장관으로 가서 계엄 준비해라." 이렇게 말씀하신 적도 당연히 없으시지요?

김용현: 예.

김민석: 설령 계엄을 해야 할 상황이 온다고 해도 국회가 과반수 의결로 요구하면 바로 해제될 것이기 때문에 후보자도 사실상 계엄은 현재 불가능하다, 그것이 대통령실과 정부 여당 관계자들의 주장이기 때문에 이렇게 보셔서 그렇게 말씀하시겠지요?

김용현: 생각해 본 적 없습니다.

김민석: 아니, 생각해 보신 적이 없는 것이 아니라 계엄이 불가능하다고 주장을 하고 있지 않습니까?

김용현: 예.

김민석: 헌법 제77조에 보면 국회가 재적의원 과반수 찬성으로 계엄 해제를 요구하면 대통령은 이를 해제하여야 된다. 대통령실이 이 조항을 정확하게 지적한 겁니다. 맞지요?

김용현: 예.

──────── 중략 ────────

김병주: 계엄 이런 것들이 비밀로 유지돼야 된다. 비밀이 누설되면 시민에 의한 계엄군 진입 차단이 돼서 계엄 성패가 직결될 것이다. 핵심 인물은 여기 보면 기무사령관, 특전사, 수방사 여기 핵심이잖아요. 그렇기 때문에 국민적인 우려를 낳는 것입니다. 김용현 경호처장이 국방부 장관 임명되기 전에는 이런 의혹을 제기한 사람이 없어요. 제기한 당도 없고. 지금 이런 것들이 (계엄) 건의의 주체, 실행의 주체 모두 다 특정 고등학교 또는 근무를 같이 했던 연 이런 거기 때문에 국민은 우려하고, 옛날에 이와 같은 사례들이 있었기 때문에 우려를 하는 겁니다. 그러면 이런 것들을 받아들여야지, 이것이 무슨 선동이니 이렇게 단어를 쓰는 것은 부적절하지요. 최악의 경우를 대비해야 되는 것이 군이고, 국

회이기도 하지요.

김용현 : 존경하는 김병주 위원님 말씀 주신 것 존중합니다. 하지만 계엄 문제는 최소한 국민의 지지가 있어야 되고, 군의 동의가 있어야 됩니다. 지금 자유 대한민국 상황에서 이런 것을, 지금, 이 상황에서 계엄이 과연 통할 것인지 이것부터 생각하면 답이 나올 것 같습니다.

——— 중략 ———

부승찬 : 2017년 계엄 문건과 인사 시스템적으로 너무 유사하게 가고 있다는 입장이거든요. 말씀드리자면 합동수사단장부터 시작해서 계엄 건의를 할 수 있는 행안부 장관, 국방부 장관 그다음에 777사령관 역시도. '서울의 봄' 보시면 아시겠지만 도·감청을 특수 정보 위주로 하다 보니까 이게 지금은 북한과 관련된 특수 정보를 취급하고 있지만 이게 국내적으로 돌아섰을 때는 '서울의 봄' 영화에 나왔던 것과 같이 통신이 전부 인터셉트되는 그런 현상들이 일어나고요. 그다음에 막강한 권력이라고 할 수 있는 방첩사령관이 합동수사단장이잖아요. 이런 인사가 그동안은 없었지요. 그런데 이게 우연치고는 이전의 계엄 문건과 관련돼서 계엄 문건과 너무나 유사하게 인사 시스템이 일어나고 있다. 그래서 이런 지적을 하고 검증을 하는 것은 국회의 권리라 어찌 보면 당연한 거다. 이렇게 생각을 합니다. 제 의견을 말씀드렸고요.

김용현 : 하지만 이게 계엄 문제와 관련해서는요. 여러 가지 말씀을 해 주셨는데, 지금 이런 우리 대한민국의 상황에서 계엄을 한다 그러면 어떤 국민이 과연 용납을 하겠습니까? 그리고 우리 군도 따르겠습니까? 저는 솔직히 안 따를 것 같아요. 그래서 이런 계엄 문제는 지금 시대적으로 좀 안 맞다고 저는 그렇게 생각하거

> 든요. 그래서 너무 우려 안 하셔도 될 것 같다 하는 생각을, 말씀을 올립니다.

야당 국회 국방위원회 의원들은 윤석열-김용현의 계엄 계획을 꿰뚫고 있었다. 계엄 선포 시 대응책까지 염두에 두고 김용현 후보자를 옥죄었다. 김용현은 버텼다. "계엄 문제는 최소한 국민의 지지가 있어야 하고, 군의 동의가 있어야 됩니다. 대한민국 상황에서 계엄이 과연 통할 것인지 이것부터 생각하면 답이 나올 것 같습니다.", "대한민국의 상황에서 계엄을 한다 그러면 어떤 국민이 과연 용납을 하겠습니까? 그리고 우리 군도 따르겠습니까? 저는 솔직히 안 따를 것 같아요." 이런 발언으로 미뤄볼 때 김용현도 일찍이 계엄 실패를 예감했을지 모른다.

2024년 9월 2일 국방장관 인사청문회 중 야당 의원들. 왼쪽부터 추미애, 안규백, 부승찬, 박선원, 박범계 의원이다.

2024년 9월 2일 국방장관 인사청문회. 왼쪽부터 국민의힘 강대식, 강선영, 유용원, 임종득, 한기호 의원과 조국혁신당 조국, 민주당 황희 의원이다.

착잡한 것은 여당 국민의힘 의원들이다. 국민의힘의 한 의원은 영상자료까지 준비해 계엄 불가론을 설파했다. 국민의힘 의원들은 김용현 후보자를 옹호하며 야당의 계엄 주장을 다음과 같이 비아냥댔다. "계엄령, 계엄령 하는 것을 보면 이게 무슨 귀신이 뭘 잘못 먹고 얘기한 것 아닌가 이런 생각이 들 정도로 황당하다는 거지요.", "불법적인 탄핵을 협박하고 계엄을 운운하는 것은 제2의 촛불을 선동하는 것이 아닌지 매우 의심스럽습니다.", "황당무계한 정치 선동이자, 극단적인 망상이라고 생각하는데 어떻게 생각하십니까?" 넋 놓고 국민의힘과 김용현의 주장을 일방적으로 믿었다면 아마 12·3 비상계엄은 성공했을지도 모른다.

국민의힘 의원들은 2024년 12월 4일 새벽 계엄 해제 표결에 거의 참석하지 않았다. 윤석열 대통령 탄핵소추안에 반대표를 던진 것은 정치적 선택이라고 치자. 계엄 해제 표결 불참은 무슨 말로 설명할 수 있을까. 시민들이 국민의힘 의원들을 막아설까 봐 못 갔다는 국민의힘 의원들도 있던데 국회에 들어가려고 노력이라도 해보고 그런 말 하는 것인지 모르겠다. 국민의힘은 계엄을 옹호한 '계엄당'이라는 비난에서 자유로울 수 없다.

9. 계엄에 드리워진 예비역의 그늘

| 대수장과 쿠데타, 그리고 부정선거 |

계엄 해제 이틀 뒤인 2024년 12월 6일 국회 기자회견장에 한기호 국민의힘 의원이 빨간 모자의 70대 남성 7명을 데리고 나타났다. '현 시국 상황과 관련한 예비역 장성단의 입장'을 발표하기 위해서다. 예비역 장성단은 대한민국 수호를 위한 예비역 장성단, 약칭 대수장이다. 입장문은 대수장 상임대표인 김근태 예비역 육군 대장이 읽었다.

김근태 대수장 대표는 입장문에서 "국가공무원들에 대한 탄핵 남발, 무분별한 특검 요구, 국가발전을 고려하지 않은 예산안 감축 등 야당의 입법 폭거가 계속됨으로써 종국적으로 비상계엄을 야기했다."라고 밝혔다. 윤석열 대통령의 계엄 인식과 똑같았다. 계엄이 불가피했다는 뉘앙스가 읽혔다. 예비역 장성들이 극우적 사고를 하는 경우가 많다지만 이 정도까지 선을 넘으면 곤란하다는 생각이 들었다.

대수장의 유튜브를 찬찬히 들여다봤다. 깜짝 놀랐다. 2018년 9·19 남북 군사합의 반대를 명분으로 출범했고, 신원식과 김용현, 한기호 등이 활동했던 극우 집단 정도가 아니었다. 군사적 의견을 개진하는 데 그치지 않고 부정선거 음모론 확산에 열심이었다. 박희도 등 5공 군사독재의 정치군인들을 원로와 고

문으로 높이 받들고 있었다. 윤석열 정부 출범에 맞춰 부정선거를 규명해야 한다는 영상을 올린 적도 있었다. 전광훈 사랑제일교회 목사를 초대해 특집 대담도 했다.

계엄 취재가 잘 안 돼 기사 소재가 바닥나면 대수장을 겨냥한 기사를 써볼까 고민하던 중 노상원 전 정보사령관과 전화 인터뷰가 됐고, 노상원 전 사령관 입에서 대수장이 나왔다. "대수장이라고 대한민국 장성의 모임이 있어. 회원인데, 그런 데서 부정선거 관련해서 나도 강의도 듣고 했었어요." 귀가 확 뜨였다. 노상원과 대수장의 결합이라니.

대수장을 파기 시작했다. 먼저 홈페이지 회원 가입부터 했다. 나는 해병대 병장 전역자이지만 예비역 준장으로 신청했더니 가입이 됐다. 허술했다. 공지사항, 회원 게시판 등을 훑었지

2024년 12월 6일 국회에서 비상계엄 관련 기자회견을 하며 경례하는 대수장 소속 예비역 장성들.

만 홈페이지 기록 역시 허술했다. 결국, 대수장의 유튜브 채널인 장군의 소리로 되돌아갔다. 대수장 창립부터 현재까지 대수장의 활동에서 '군을 동원한 국민 저항권 실현'이 읽혔다. 국군의 봉기를 외치며 쿠데타의 냄새를 풀풀 풍겼고, 부정선거 음모론을 당연시했다. 9·19 남북 군사합의를 이끈 문재인 정부를 향해 종북 정치인들의 망국적 행위라고 규탄하는 모습은 야권을 반국가세력으로 몰아붙인 윤석열 대통령과 흡사했다. 다음은 2019년 1월 30일 서울 프레스센터에서 열린 대수장 출범식 때 신원식이 대독한 대군 성명서이다.

- 대수장 대군 성명서 -
2019년 1월 30일

첫째, 사랑스런 군 후배들인 육해공 전 장병들은 위장평화와 공산화 가능성이 높은 남북공조를 수행해 대한민국 국민, 영토, 주권을 포기할 것인가. 아니면 헌법 제5조에 명시된 신성한 국방의 의무를 다할 것인가. 분명하게 선택하라. 그리고 선택을 결행하라. ─ 중략 ─ 종북 정치인들은 국방·안보를 정치적 이해에 종속시키고 평화라는 거짓선동으로 나라를 위태롭게 하고 있다. 그들의 망국적 행위들을 목숨 걸고 거부하라.

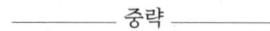

─ 중략 ─

둘째, 대화와 평화로 북핵 문제 해결할 수 있다는 문재인 정부의 거짓 주장은 오히려 2020년까지 북한이 100개의 핵무기를 확보하는 데 도움이 되고 있다. 북한의 비핵화 노력이 한 걸음도 실질적인 진전이 없는데 문재인 정권은 우리 군의 안보 역량만 일방적으로 무력화시킨 9·19 남북군사 분야 합의서에 서명했다.

─────── 중략 ─────── 국방부 장관, 합참의장, 각 군 총장, 해병대 사령관은 헌법 정신에 입각에 2019년 2월 내로 9·19 남북군사 분야 합의서 폐기를 결의하고 전 군에 폐기를 지시하라. 파괴된 안보 역량들을 조속히 복구하고 앞으로 반헌법적 안보 역량 파괴 행위를 일체 거부하라.

넷째, 현역군인들은 더 이상 3대 독재 세습을 옹호하는 주체사상에 물들지 말고, 한반도 전체를 김일성주의 국가로 몰고 가는 대한민국 공산화를 즉각 중단시켜라. ─────── 중략 ─────── 한미연합방위체제는 전 세계 모든 나라들이 인정하는 최고의 효율적인 대한민국 지킴이다. ─────── 중략 ─────── 안보 주권이라는 감상적인 용어로 국민을 현혹해 한미동맹의 붕괴를 획책하는 북한과 우리 내부의 종북좌파 정권의 선동에 더 이상 부화뇌동하지 말라.

─────── 중략 ───────

다섯째, 군 선배들은 군인 본분을 잊고 자리에 연연하는 자들을 후배로 받아들이지 않을 것이다. 이적성 9·19 남북군사 분야 합의서에 서명한 송영무 전 국방부 장관은 국민 앞에 석고대죄하라. ─────── 중략 ─────── 헌법이 국군에게 부여한 명령에 따를 것을 충심으로 촉구한다.

끝으로, 세계사에 기적을 일군 대한민국의 국민과 이를 지켜온 국군장병들에게 간곡히 말씀드린다. ─────── 중략 ─────── 현

> 역, 예비역 전 군인들은 '위국헌신, 군인본분, 내 생명 조국을 위해'를 실천하자. 이것들이 대한민국을 구하고 미국과 같은 인류 강대국을 만드는 초석이 될 것이다. 우리의 간절한 절규가 용기를 만나면 역사를 바꾸는 위대한 힘이 될 것이다. 자유대한민국 만세! 대한민국 국민 만세! 대한민국 국군 만세!

대수장은 9·19 남북 군사합의를 위장평화와 공산화를 위한 남북의 거짓 공조로 규정했다. 이를 수행하는 것은 국민과 영토, 주권을 포기하는 것이라며 국민·영토·주권의 포기와 신성한 국방의 의무 중 선택하라고 군을 압박했다. 또 그 선택의 결행을 촉구했다. 구체적으로 국방부 장관, 합참의장, 각 군 총장, 해병대 사령관은 2019년 2월 내로 9·19 남북군사 합의서 폐기를 결의하고, 전 군에 폐기를 지시하라고 몰아쳤다.

대수장은 9·19 남북 군사합의가 당장이라도 나라를 결딴내기라도 할 듯 호들갑을 떨었다. 군으로 하여금 군 통수권자의 명령에 불복해 집단행동에 나서라고 억지를 부렸다. 문재인 정부에 항거하는 군의 쿠데타, 내란을 부추기는 듯한 모습이었다. 윤석열 정부도 9·19 남북 군사합의를 백안시해서 효력을 정지시켰다. 군을 동원한 비상계엄을 일으켜 윤석열 대통령은 내란 수괴 혐의를 받고 있다. 대수장과 윤석열 대통령 꽤 비슷하지 않은가.

실제로 일각에서 대수장의 언행을 두고 내란 선동이라는 비판이 제기됐다. 2019년 9월 12일 서울외신기자클럽에서 열린 대수장의 외신 기자회견에서는 대수장 측의 쿠데타 기도를 의심하는 질문이 나왔다. 오죽했으면 외신기자가 그런 질문을 했을까.

> **〈대수장 외신 기자회견〉**
> **2019년 9월 12일(유튜브 〈장군의 소리〉)**
>
> **외신기자 :** 대수장은 국민 저항권을 발동해서 현재 문재인 정부가 나아가는 방향을 저지하겠다고 하셨는데 내가 듣기에는 쿠데타 같습니다.
>
> **신원식 :** 쿠데타 전혀 아닙니다. 국민 저항권이라고 함은 자유를 지키기 위한 우리 국민들의 저항을 이야기하는 것이고, 비슷한 경우를 든다면 지금 홍콩에서 일어나는 것, 한국에서 1960년에 일어났던 4·19 그런 것들이죠. 좀 더 역사적으로 본다면 미국의 독립 혁명, 패트릭 헨리가 말한 "자유가 아니면 죽음 달라."고 외치면서 자유를 지키기 위한 우리 시민들의 비폭력 평화적인 외침을 국민 저항권이라고 합니다. 쿠데타는 절대 아닙니다.

대수장의 부정선거 음모론 추종은 전광훈 목사 못지않다. 2020년 4·15 총선 이후 대수장의 유튜브 채널 장군의 소리는 부정선거 시리즈를 10여 개 제작해 올렸다. 노상원 전 정보사령관이 대수장에서 부정선거를 공부했다고 말할 법도 했다. 2021년 11월 17일 장군의 소리 유튜브는 차기 대통령의 자격 요건을 제시하는 아이템을 제작했다. 차기 대통령의 자격 요건 중 하나가 4·15 총선 부정 의혹 규명이다. 이 유튜브 아이템의 화자는 윤석열 정부에서 한국국방연구원장 등의 하마평에 올랐던 인물이다.

국민 저항권, 국군의 발호, 부정선거 운운하는 대수장과 노상원 전 정보사령관의 결합은 휘발성이 강할 수밖에 없다. 당연히 기사가 된다. 2024년 12월 24일 〈노상원 "부정선거 많이 공부"…"대수장 회원"〉 단독기사는 이런 취재의 결과로 작성됐다. 계엄에 엮이기는 싫었는지 대수장 측은 "노상원은 대수장의 회원이 아니다."라는 입장을 냈다.

| 한국에서 예비역이란 |

대수장뿐일까. 대한민국 예비역들은 문제가 참 많다. 대선이 치러질 때면 예비역 장교들이 떼지어 대선 캠프에 결집해 정치활동을 하는 나라가 한국 외에 또 있을까. 정치에 열광하는 한국의 예비역들 유독 별나다. 현역 때 어떻게 정치를 참고 살았는지 상상이 안 간다. 예비역들의 정치 극성이 정점을 찍은 사건이 있다. 2022년 3월 '유령 장군 입장문'이다.

윤석열 인수위의 대통령실 이전 계획이 논란을 빚던 2022년 3월 22일 육해공군과 해병대의 예비역 장성들이 대통령실 용산 이전을 지지하는 입장문을 냈다. 대통령실 용산 이전으로 인한 안보 공백은 없으며, 오히려 문재인 정부가 5년 임기 동안 안보를 도외시했다는 내용이었다. 이들은 입장문 작성에 참여한 예비역 장성이 1천여 명이고, 이 중 전직 국방부 장관과 합참의장, 참모총장 등 예비역 대장이 64명 포함됐다고 밝혔다. 그러면서 실명은 예비역 대장 10명을 포함해 달랑 26명만 공개했다.

실명 공개 26명 예비역 장성

- **예비역 대장 :**

    이상훈 전 국방부 장관, 권영해 전 국방부 장관, 최차규 전 공군참모총장, 김재창 전 연합부사령관, 심승섭 전 해군참모총장, 김근태 전 1군사령관, 박성규 전 1군사령관, 김석재 전 1군사령관, 임호영 전 연합사부사령관, 최병혁 전 연합부사령관,

- **예비역 중장 :**

    이호연 전 해병대사령관, 전진구 전 해병대사령관, 구홍모 육군참모차장, 강구영 전 공군참모차장, 김영민 공군참모차장, 김판규 전 해군참모차장, 손정목 해군참모차장, 이기식 전 해작사령관, 이건완 전 공작사령관, 김충배 전 육군사관학교장, 최병로 전 육군사관학교장, 임국선 전 7군단장, 김정수 전 육군사관학교장,

- **예비역 소장 :**

    장재환 전 교육사령관, 김종배 전 교육사령관, 김기성 전 육군군수사령관

> (이상 26명 예비역 장성 중 여럿이 윤석열 대선 캠프에 참여했다. 윤석열 정부 출범 이후 정부기관장, 외국 대사, 방위산업 기업 대표와 이사, 방위산업 단체 고위 임원 등의 자리를 차지했다.)

이런 식으로 실체 없는 '유령 장성'들을 내세운 입장문은 본 적이 없다. 군인은 본능적으로 위협을 부풀린다지만 예비역 장성들의 입장문은 위협 대신 숫자를 부풀린 것 같았다. 게다가 이름을 내건 26명 중 여럿은 문재인 정부에서 3성, 4성 달고 출세한 인물들이다. 심승섭 전 해군참모총장, 최병혁 전 연합사부사령관, 전진구 전 해병대 사령관, 김판규 전 해군참모차장 등이 대표적이다. 정부에 바른 소리 하던 장군들이 아니다. 군복 입었을 때 말 한마디 못했으면 군복 벗고도 조용히 살았으면 좋겠지만 현실은 이러했다.

이들은 입장문에 "북한의 40여 회의 미사일 도발에도, 서해에서 우리 국민이 불에 타 죽어도, 700억 원을 들여 건립한 남북공동연락사무소가 폭파돼도 문재인 정권은 북한의 눈치만 보며 항의 한번 못했다."라고 적었다. 해군참모총장과 차장, 연합사 부사령관, 해병대 사령관 자리에 있을 때 정부에 이런 직언 한 적 없을 것이다. 안보를 위해 정치 권력에 맞선 적 없을 것이다.

이름 내건 예비역 장성 26명에게 묻고 싶었다. 1천여 명의 장성은 실존 인물인가? 전직 국방부 장관과 합참의장, 참모총장 등 예비역 대장 64명은 실제로 존재하기는 하는가? 신구 권력 다툼의 틈바구니에서 이러지도 저러지도 못하는 후배들의 애꿎은 처지를 고려한 적 있나?

1천여 명 '유령 장성'들의 입장문을 접한 현역 장교들은 나에게 이런 말을 했다. "진급하려고 정치에 줄 대던 장군들 아니겠나.", "어떻게 군복만 벗으면 정치에 뛰어드나.", "힘 있는 권력에 참 잘 스며든다.", "현역 시절 바른 소리 못 하고, 전역하니까 정치 캠프에 투신하고, 비현실적 머릿수 앞세운 입장문 내는 선배들을 존경하지 못하겠다."

윤석열 인수위가 대통령실 용산 이전을 발표하기 하루 전인 2022년 3월 19일 전직 합참의장 11인은 "대통령실 용산 이전으로 안보 공백 우려된다."는 입장문을 인수위에 보냈다. "대통령실 이전에 따라 국방부, 합동참모본부 등의 연쇄 이동으로 안보 공백이 걱정."이라는 내용이었다. 전직 합참의장들은 3월 23일 2차 입장문을 냈다. 2차 입장문에는 "문재인 정부와 여당에서는 이(기존 입장문)를 대통령 집무실 이전에 대한 반대로 왜곡해 국민을 갈라 치기 한다."고 적었다. 나흘만에 생각을 180도 바꾼 꼴이다.

1천여 명 '유령 장성'들이나 11인의 전직 합참의장이나 비슷한 사람들이다. 입장문에 이름을 올린 전직 합참의장은 김종환, 최세창, 이필섭, 조영길, 이남신, 김종환, 이상희, 한민구, 정승조, 최윤희, 이순진 등이다. 이들 중 최세창, 조영길, 이상희, 한민구 등은 국방부 장관을 지냈다. 두어 명에게 전화해서 "왜 오락가락 입장문을 내느냐."고 물어봤었다. 얼버무릴 뿐 대답을 못 했다.

군은 정부의 정책 결정 과정에 적극 참여해야 한다. 군의 전문적 의견을 활발하게 개진해 정부가 올바른 안보정책을 수립하도록 도와야 한다. 정책이 결정된 뒤 군인의 임무는 복종이다. 정책을 받아들일 수 없으면 군복 벗으면 그만이다. 현역 때

2018년 7월 전군주요지휘관 회의. 이들 중 여럿은 문재인 정부에서 진급하고, 전역 후 문재인 정부에 반기를 들었다.

권력에 침묵하며 누릴 것 다 누리고, 예비역 되니 새로운 권력에 편승해 한때 침묵했던 권력에 삿대질하는 것은 군인의 길이 아니다. 민주주의 문민통제 원칙과도 배치된다.

그렇다고 예비역들이 보수에만 일편단심 목을 매는가. 전혀 아니다. 일자리만 주면 보수, 진보를 따지지 않는다. 보수, 진보 상관없이 '되는 집'에 승부를 거는 예비역 장군들의 모습을 보여주는 결정적인 장면이 하나 있다.

이낙연 전 국무총리가 더불어민주당의 대선 주자로 스포트라이트를 받던 2020년 1월 2일 저녁 전역 서류에 잉크도 채 마르지 않은 육해공군과 해병대의 예비역 장군 4명이 삼청동 총리공관을 찾았다. 김용우 예비역 육군 대장, 이왕근 예비역 공군 대장, 김판규 예비역 해군 중장, 전진구 예비역 해병대 중장이 주인공이다. 누구라도 이낙연 전 총리에게 줄을 못 대 안달하던 때에 새해 첫 총리 만찬에 초청받았으니 얼마나 가슴 뛰었을까. 그때 나는 총리 공관 맞은편 건물의 야외 계단에서 추위에 떨며 그들이 들고나는 장면을 촬영했다.

예비역 장성 4명에게 더불어민주당 대선 캠프의 안보 총책은 떼놓은 당상 같았다. 반전이 일어났다. 이낙연 전 국무총리가 더불어민주당 내 권력투쟁에서 밀려났다. 삼청동 1월 만찬 참석

장성 4명 모두 윤석열 캠프로 달아났다. 보기 드문 변심이었다. 윤석열 정부에서 이들 중 둘은 외국 대사 자리를, 한 명은 방산업체 사외이사 자리를 얻었다.

김용현 국방부 장관도 좌우를 따지지 않았다. 김용현 장관은 야인 시절이던 2018년 미래실용안보포럼의 주축으로 활동했다. 육사 동기이자 절친인 정재관 군인공제회 이사장도 포럼에 참가했다. 포럼의 주관은 더불어민주당 측이 맡았다. 포럼의 좌장은 더불어민주당의 국방 최고 전문가인 안규백 의원이었다. 안규백 의원은 김용현 장관이 현역일 때 그를 합참의장으로 밀기도 했었다. 예비역들 장성들에게 이념 따위는 없다.

이렇듯 예비역들은 군대 전역한 뒤에도 나랏일에 열심이다. 후배 현역들이 보기에 민망할 정도이다. 전역했으면 뒤돌아보지 말고 조용히 퇴장하기를 부탁드린다. 그렇게 나랏일이 좋았으면 현역 때 더 열심히 했으면 될 것 아닌가. 왜 전역한 다음에 일하려고 덤비는지 이해할 수가 없다. 아닌 말로 예비역 장성들의 참견 전통이 없었다면 김용현, 노상원, 신원식의 등장도, 12·3 비상계엄도 없었을 것 아닌가.

모든 예비역 장성들이 이들 같을까. 그렇지만은 않다. 정치 냄새 비릿한 일자리를 거들떠보지 잃는 징치 중립의 예비역들도 있다. 2022년 대선 때 에피소드이다. 예비역 장성 7명이 국방과학연구소 ADD의 정책연구위원으로 근무하고 있었다. 대선 시장이 열리자 7명 중 5명이 순식간에 윤석열, 이재명 캠프로 뛰어갔다. 단 두 명만 ADD를 지켰다.

이승도 전 해병대 사령관과 박한기 전 합참의장이다. 이승도 사령관은 2010년 11월 23일 연평도 포격전을 연평도 현장에서 지휘해 승리로 이끌었던 장군이다. 박한기 전 의장은 한미연합훈련이 중단되다시피 했던 문재인 정부 시절 주한미군과의 관계를 절묘하게 관리해 한미동맹에 크게 기여한 장군이다. 진짜 장군들은 이렇게 정치에 기웃거리지 않는다. 안타깝게도 정치권은 훌륭한 예비역을 알아보는 눈이 없다. 오로지 캠프에서 권력 좇는 가짜 장군들만 챙길 뿐.

10. 국방 상왕의 등장과 계엄의 조짐

| 국방 상왕의 등장 |

2022년 3월 대선으로 윤석열 후보가 대통령에 당선되자 군의 시선은 김용현으로 쏠렸다. 윤석열 대통령의 충암고 1년 선배로 대선 캠프의 안보 책임자인 데다, 4성 경쟁에서 밀린 군 말년의 회한과 독불장군 성격으로 유명했던 자의 복귀에 군은 긴장했다. 김용현 본인이 3성 중장 출신이어서 국방부 등 군 관련 요직에 절대로 예비역 4성 대장을 기용하지 않을 것이란 관측이 파다했다. 권력의 구심점을 보존하려면 김용현에게 충성을 다하는 예비역 3성 이하만 중용할 것으로 예상됐다. (실제로 윤석열 정부의 국방부 장관은 이종섭-신원식-김용현 등 예비역 중장이 차지했다. 내리 3번 중장 이하의 장관 기용은 윤석열 정부가 처음이다. 계엄이 없었으면 김용현 후임 국방부 장관도 김용현 휘하의 3성 이하 예비역이었을 것이다.) 통수권자가 아닌 자가 5년 내내 군을 통치하는, 유례없는 국방 상왕의 친정 체제가 예상됐다.

윤석열 당선자의 인수위가 가동되던 때, 나는 야당 인사들에게 "군을 지키려면 김용현을 가열차게 견제해야 한다."는 의견을 전달했다. 한 야당 인사의 답변이 인상적이었다. 그는 "김용현이 크게 사고 칠 것."이라며 "그때 가서 잡아도 늦지 않다."라고 말했다. 김용현 국방부 장관이 큰 사고 칠 것을 예상했지만 그 인사도 사고가 계엄일 줄은 꿈에도 몰랐으리라.

권력의 무서움을 잘 아는지라 고민은 좀 했다. 그러다가 2022년 3월 17일 국방 상왕의 군 친정 체제를 우려하는 기사를 썼다. 김용현 국방 상왕이라는 표현을 처음으로 기사화한 것이다.

SBS 취재파일

'윤 집무실' 용산 이전…'국방 상왕', '군심 이반' 경계한다

2022년 3월 17일 보도

대통령 집무실 후보로 서울 용산구 국방부 청사가 떠오르고 있습니다. 국방부 리모델링 계약을 서두르고 있다는 말도 들립니다. 대선 캠프의 안보 분야 인사들이 국방부 현장 답사까지 마친 것으로 알려졌습니다. 당초 유력했던 정부 서울청사 별관은 뒤로 밀리는 분위기가 확연합니다.

"청와대를 국민에게 돌려주겠다."는 윤석열 당선인의 약속이 중요하다지만 대통령 집무실의 국방부 이전안을 아무런 비판 없이 받아들여도 될까요. 미국으로 치면 국민들에게 백악관 개방하고, 펜타곤에 대통령 집무실 차리는 격입니다. 지하 벙커, 헬기장 등을 쉽게 확보할 수 있다는 장점이 있다는데 안보적 측면에서 단점은 없을까요.

대통령 집무실이 용산으로 옮기면 국방부뿐 아니라 합참의 대대적 이전과 어느 정도의 기능 변화가 불가피합니다. 문민통제의 사령탑 국방부와 전군 총사령부 합참이 상당 수준의 혼란과 불편을 감수해야 합니다. 겉으로 드러나는 단점도 위와 같은데 더 큰 걱정이 군 안팎에서 나오고 있습니다. 청와대 경호처장이 국방부와 합참, 각 군의 상왕 노릇을 할 것이라는 우려입니다. 국방 상왕의 등장은 군 지휘계통의 혼란으로 직결됩니다. 막아야 합니다.

MB정부식 국방 상왕의 재림인가

이명박 정부 시절 청와대 실세 경호처장의 일화가 요즘 군인들 사이에 회자되고 있습니다. 육군 고위 장성 출신의 경호처장이 육해공군 참모총장들을 따로 불러 여러 가지 군 사안에 간섭하는 월권적 행위를 했고, 국방부 장관과 심하게 알력을 빚었다는 이야기입니다. 대통령 집무실을 국방부 청사로 이전하면 그때보다 심한 상황이 펼쳐질까 봐 현역 군인들 근심이 큽니다.

차기 정부의 경호처장은 김용현 전 합참 작전본부장이 확실시된다는 보도가 나오고 있습니다. 당선인의 충암고 1년 선배로 대선 캠프의 안보 분야에서 주도적인 역할을 했습니다. 캠프의 예비역들을 이끄는 좌장으로 꼽힙니다. 당연히 국방부 장관 1순위 후보로 부각됐습니다. 하지만 17사단장 복무 당시 부대에서 벌어진 불미스러운 일에 발목이 잡혀 청문회 없는 경호처장에 기용된다는 것이 중론입니다.

김용현 예비역 중장이 집무실 이전 TF 팀장으로 알려진 국민의힘 윤한홍 의원과 함께 국방부 청사를 답사하는 장면을 목격한 사람들도 많습니다. 김용현 예비역 중장이 국방부 청사 이전안을 주도하는 모양새입니다.

김용현 예비역 중장 주도로 대통령 집무실이 국방부 청사로 이전하고, 김용현 중장이 경호처장에 임명되면 경호처장은 용산의 실세가 될 가능성이 큽니다. 여기에 캠프 출신 예비역 장성이 국방부 장관에 임명되면 차기 정부 초대 국방부 장관은 경호처장의 그늘 아래 들어가기 십상입니다. 국방부 장관이 그럴진대, 합참의장과 각 군 총장 이하 장성들은 오죽하겠습니까.

육군의 한 장성은 "대통령 집무실의 용산 이전과 김용현 경호처장 임명이 실현되면 국방부와 군은 전례 없는 시어머니를 모시게 될 것."이라며 "사사건건 간섭으로 군의 작전 지휘체계는 흔들리고 결국 위협에 대한 적시의 적절한 대응이 어려워질 수 있다."라고 지적했습니다. 한 영관급 장교는 "차지철 경호실장, MB 정부 실세 경호처장 체제의 꼭두각시 군을 떠올리는 군인들이 많다."며 "앞날이 뻔히 보여서 무섭다."고 토로했습니다.

캠프의 예비역들은 뭐하나

대통령 집무실은 국방부 청사의 1~5층을 차지할 것이란 전망입니다. 해당 층의 장관실, 차관실 등 주요 사무실은 합참 청사, 과천 청사, 또는 대전 계룡대로 옮겨야 합니다. 필요에 따라 모여 있는 조직들이 뿔뿔이 흩어지는 것입니다. 평수 줄여 이사하고, 중형차 타다 소형차로 바꾸면 속상하듯 졸지에 곁방살이 신세 되는 군심(軍心)은 흔들리기 마련입니다.

국방부 청사 이전을 밀어붙이는 김용현 예비역 중장은 국방부 청사 이전의 문제점을 누구보다 잘 알 것입니다. 캠프와 인수위의 예비역 장성들은 특히 국방부와 합참 지휘통제실을 손대면 안 된다는 사실을 분명히 압니다. 군이 술렁인다는 소문도 벌써 전달됐을 터.

김용현 예비역 중장을 비롯한 캠프와 인수위의 예비역들이 이전의 문제점, 군의 분위기를 당선인 측에 명시적으로 전달했는지 궁금합니다. 국방부 청사 이전이 거의 확정된 것처럼 보도가 나오고 당선인 측이 고민하는 모습이 보이지 않는 점을 보면 누구도 바른 소리를 안 한 것 같습니다.

차기 정부의 안보 강화를 위해 캠프에 뛰어들었다면 예비역 장성들은 대통령 집무실의 용산 이전이 초래하는 문제점을 당선인 측에 고언하길 바랍니다. 예비역 장성들이 그토록 노래하던 안보가 걸린 일입니다. 그 정도 수고는 해야 나중에 한 자리 챙겨도 후배들 볼 낯이 있습니다.

2024년 10월 1일 국군의 날 기념식. 윤석열 대통령과 김용현 장관이 열병부대를 사열하고 있다.

이후에도 국방 상왕의 등장을 우려하는 기사를 몇 번 더 썼다. 윤석열 정부 초대 국방부 장관으로 지명된 이종섭 예비역 중장의 전화가 걸려왔다. "국방 상왕 표현을 그만 써줬으면 고맙겠다.", "국방 상왕이 있다면 국방부 장관은 뭐가 되겠나."라고 토로했다. 이종섭 중장은 "국방 상왕은 없다."라는 말은 하지 않았다. "김용현이 윤석열 정부의 국방 상왕이 맞구나."라는 확신이 들었다.

| 국방 상왕이 사랑한, 국방 상왕을 사랑한 장군들 |

일반적인 대선의 경우 공기업 성격의 방산업체 KAI에는 대

선 캠프의 경제 부문에서 낙하산이 내려간다. 윤석열 정부는 달랐다. 2022년 3월 1천여 명 '유령 장성' 입장문에 실명을 올렸던 공군 중장 출신인 강구영이 KAI 대표로 임명됐다. 김용현과 장교 임관 동기로 두 사람은 친구 같은 관계로 알려졌다. 김용현의 권력이 경제 부문의 낙하산 자리까지 빼앗을 정도로 막강하다는 방증이다. 대표이사 외 KAI 경영의 책임적 자리에도 공군 출신들이 앉았다. 군인의 기업 경영이라니. 방위산업계의 다른 기업들은 2022년부터 2025년까지 주가가 최대 10배 이상 뛰었지만 유독 KAI의 주가만 2025년 현재까지도 요지부동이다. 매출액 증가율은 2~3년간 물가상승률을 하회하고 있다.

국방과학 분야도 마찬가지이다. 석종건 예비역 육군 소장은 2024년 2월 방위사업청장에 기용됐다. 군 출신 방위사업청장은 방위사업청 개청 이래 2번째이다. 대령과 소장 때 전력 업무를 한 적 있지만 방위사업 전문가로 분류되지는 않는다. 1천여 명 '유령 장성' 입장문에 실명을 올린 바 있는 이건완 예비역 공군 중장은 2024년 4월 국방과학연구소 ADD 소장에 기용됐다. 이 소장은 전투비행단장, 공사 교장, 공군 작전사령관 등을 역임했을 뿐 국방과학과는 무관하다. ADD 소장에 국방과학과 거리가 있는 예비역을 앉히는 것도 대단히 이례적이었다. 윤석열 대선 캠프에서 안보 좌장이었던 김용현과 일하지 않았다면 석종건 청장, 이건완 소장은 방위사업청과 ADD에 갈 수 없었나

2023년 2월 3일 윤석열 대통령에게 진급신고하는 장군들.

는 것이 정설이다.

　방산업체와 국방과학의 인사도 주무르는 판인데 장군 인사야 말해 무엇하랴. 이종섭 국방부 장관의 첫 번째 인사인 2022년 하반기 장성 인사 때 일이다. 각 군에서 올라온 인사안을 국방부에서 정리해 대통령실에 제출했다. 어지간하면 결격 사유가 확연한 1~2명 바꾸고 원안과 크게 다르지 않은 대통령실 인사안이 내려오는데 완전히 판갈이 된 인사안이 하달된 모양이었다. 그때 국방부의 한 고위직은 나에게 "이번에 별을 하나 더 단 장성들은 거의 대부분 김용현의 아이들."이라고 귀띔했다. 합참의장, 각 군 참모총장은 두말할 것도 없고, 별 한둘의 장군

10. 국방 상왕의 등장과 계엄의 조짐　171

자리까지 김용현의 손길이 알뜰하게 미치는 분위기였다. 현역 장성만이 아니었다. 국방부의 요직도 김용현의 볕을 쬔 인물들이 차지했다.

예비역 장성들의 대사직 진출도 줄을 이었다. 대충 기억나는 이름만 해도 사우디 대사의 최병혁 전 연합사부사령관, 호주 대사의 심승섭 전 해군총장과 이종섭 전 국방부 장관, 콜롬비아 대사의 이왕근 전 공군총장, 아랍에미리트 대사의 류제승 전 국방정책실장, 나이지리아 대사의 김판규 전 해군참모차장, 동티모르 대사의 신만택 전 육군부사관학교장, 피지 대사의 김진형 전 해군군수사령관 등이다.

외국 대사에 임명된 예비역들이 더 있을지도 모른다. 군인 출신들이 대사직을 잘 수행할 수 있을까. 미군의 경우 해외 주둔을 많이 해서 군인들이 해외 사정에 정통하기 마련이어서 예비역들의 대사 임명이 흔하다. 한국은 다르다. 우리 군인들은 외국 사정을 잘 모른다. 김용현의 힘이 아니었다면 이들의 대사 임명은 기대하기 어려웠다는 평이 많다.

김종철 병무청장도 김용현과 떼놓고 논할 수 없는 윤석열 정부의 사람이다. 김용현 국방부 장관의 육사 6년 후배로 대선 안보 캠프에서 김용현과 함께 활동했다. 김용현 장관이 경호처장이던 시절, 김종철 청장은 경호처 차장이었다. 입틀막 경호의 실무 책임자였다. 윤석열 대통령이 김용현, 조태용, 신원식, 여인형 등 앞에서 계엄을 입에 올렸던 2023년 12월과 2024년 3월에도 경호처 차장이었다. 그는 계엄 모의를 몰랐을까.

김용현 국방부 장관의 수족과 같았던 이들 용현파들을 12·3 비상계엄의 기반, 기초체력이라고 부르고 싶다. 김용현 국방 상왕 체제의 하부구조 아닌가. 용현파 중 대부분은 운 좋게 계엄의 물 밖으로 고개를 내놓지 않은 덕에 수사의 칼날을 피했다. 계엄 이후 이들의 말과 행동은 고요 그 자체이다. 조심 또 조심이다. 계엄의 지뢰를 밟지 않고 떠나겠다는 굳은 의지가 읽힌다. 12월 3일 이후 급히 휴대전화를 교체한 자들도 제법 된다. 각별히 주목해야 할 대상이다.

| 계엄 DNA 현역들은 어찌 하리오 |

뭔가 조치를 취해야 한다. 국방부와 각 군은 자체적으로 대대적인 계엄 지상조사라도 해서 계엄의 DNA, 정치의 DNA를 뿌리째 뽑아내야 한다. 국방부 당국자, 군 장병들의 신고와 자수를 받는 기간도 운영할 필요가 있다. 조사 결과가 나오는 족

족 처벌하면 군이 무너질 테니 처벌은 사회적 합의를 거쳐 조절하는 편이 합리적이겠다. 국방부와 군이 진정으로 계엄을 반성한다면 꼭 이렇게 했으면 좋겠다. 하지만 국방부는 그럴 생각이 전혀 없다.

〈국방부 정례 브리핑〉
2025년 1월 20일

김태훈: 그러니까 이게 우리 군이 지금 위에서부터 아래까지 굉장히 많이 연루된 사건이잖아요. 대단히 큰 역사적인 사건이지 않습니까. 가만히 놔두면, 시간이 지나면 외부에서도 진상조사위원회가 꾸려질 가능성이 있는데 그전에 군이 먼저 이런 거 조사하고 진상을 밝히는 모습을 보이면 그게 더 선제적이고 나을 것 같아서 그래요.

대변인: 잘 검토해 보겠습니다. 지금 사안별로는 저희가 미리 확인하고 있는데, 전체적으로 지금 수사도 진행되고 있고, 또 국회 차원에서의 국정조사도 진행되고 있고 해서 여러 가지 사실확인들이 같이 병행해서 진행이 됩니다. 저희도 필요한 부분은 미리 사전에 확인하든지 잘 참고해 보겠습니다.

김태훈: 그러면 수사당국이나 국회와 달리 왜 이런 말씀을 드리냐 하면 계엄 날 합참의장이 어디 감금되고 한 거 아니잖아요. 합참의장 자유로웠죠? 그런데 김용현 장관이 핸드폰 두 개 가지고 지휘하고. 다음에 결심실에서 여러 가지 회의를 하고 그거 사실 합참의장의 장소인데 그렇게 합참의장이 그런 일이 벌어지는 거를 가만히 놔뒀다는 거는 사실 계엄을 방조했다는 거라고 봐도

무방하다는 말이에요. 위에서부터 아래까지 많은 우리 주요 장교들이 계엄을 그냥 보고만 있었고, 방조했고, 어떤 사람들은 생각 없이 따라 다녔고, 이런 부분까지는 지금 수사나 국회에서는 건들지를 못할 거예요. 그렇다면 자진신고 아니면 자수, 신고 그런 절차가 있어서 우리 군에 잘못되게 뿌리 박혀 있는 그런 계엄의 DNA, 정치의 DNA를 빼는 노력을 했으면 좋겠다 하는 생각이 들어서 그래요.

대변인 : 예, 잘 참고하겠습니다. 참고로 말씀드리면 과거에 국방부와 합참 건물이 분리돼 있을 때 국방부 상황실, 지휘통제실이 별도로 있기는 했는데 요즘은 같이 상황이 벌어지면 장관께서 합참 지휘통제실로 내려가서 필요한 조치를 또 같이하시고 합니다. 그래서 그것이 온전히 합참의 공간인데 장관께서 내려가신 게 언밸런스한 그런 상황은 아니니까 또 그렇게 이해해 주시면 좋겠습니다.

계엄의 밤, 합참의장은 지휘봉을 놓쳤다. 장병으로 치면 총을 빼앗긴 꼴이었다. 저항하지 않은 장군은 계엄에 찬성했다고 봐도 무방하다. 합참의장도 그렇고, 그 외 많은 장성들도 마찬가지이다. 김용현 국방부 장관에게 저항한 장군은 단 한 명도 없다. 국방부는 그들을 감싸고 싶은 눈치다. 그렇지 않겠나. 국방부 고위직들도 '쌍폰' 들고 계엄군 지휘하는 김용현 장관을 입 다물고 지켜만 봤으니. 그들이 바라는 바는 지금 상태 그대로의 '현상 유지'이다.

제3부.
윤석열의 계엄과 문민통제의 실패

11. 같은 듯 다른 윤석열의 계엄

| 비상사태 없고, 국회·선관위 침탈하고 |

한국의 비상계엄은 여순 사건이 계기가 된 1948년 10월 21일 비상계엄을 시작으로 2024년 12월 3일 비상계엄까지 총 17번 선포됐다. 이 중 가장 짧은 계엄은 6시간짜리 12·3 비상계엄이다. 최장 계엄은 부마 민주 항쟁의 들불을 진압하기 위해 박정희 대통령이 발동한 1979년 10월 18일 비상계엄을 시발로 1981년 1월 24일까지 이어진 456일간의 계엄이다.

과거나 현재나 비상계엄 선포의 조건은 전시, 사변 또는 이에 준하는 국가 비상사태로 동일하다. 20세기 계엄들은 주로 민주화 과정의 정치적 격변과 사회적 혼란의 결과로 선포됐다. 1979년 10월 선포된 20세기 마지막 비상계엄은 부마 항쟁과 박정희 대통령 암살 사건인 10·26 사태 등으로 말미암았다. 1966년 6월 3일 계엄은 6·3 항쟁 등 민주화 운동으로 촉발된 충돌로 발동됐다. 이전의 계엄들도 5·16 군사반란, 4·19 혁명 등의 결과로 선포됐고, 더 거슬러 올라가면 6·25 전쟁과 제주 4·3, 여순 사건이 계기가 된 계엄이었다.

좀 특이한 계엄이 있다. 종신 집권 시도로 의심을 받았던 직선제 개헌에 대한 반대가 거세게 일어나자 이승만 대통령이 1952년 5월 25일 선포한 계엄이다. 1972년 10월 17일 계엄 역시 영구 집권을 노린 박정희 대통령의 10월 유신에서 비롯됐다. 두 계엄 모두 전시, 사변, 이에 준하는 비상사태에 대응해 발동된 계엄이라고 볼 수 없다. 대통령의, 대통령에 의한, 대통령을 위한 친위 쿠데타로 분류하는 견해가 많다. 친위 쿠데타는 통수권자인 대통령이 수하인 군을 부려 권력을 강화하는 행위여서 성공 확률이 대단히 높다. 1952년과 1972년의 친위 쿠데타도 성공했다.

21세기 첫 계엄으로 기록된 12·3 비상계엄은 이승만, 박정희의 친위 쿠데타와 유사하다. 표면적으로 드러난 사회적 혼란 없이 계엄이 선포됐다. 윤석열 대통령과 김용현 국방부 장관의 주장을 차용하자면 탄핵과 특검 남발, 예산 삭감 등 야당의 만행으로 국정운영이 뜻대로 안 되자 정치력에 기대지 않고 바로 군사력을 동원해 야당 무력화와 대통령 권한 확대를 꾀했다. 1952년과 1972년의 친위 쿠데타와 제법 비슷한데 국민의 반발에 막혀 6시간 만에 실패로 끝난 점은 이채롭다. 그 쉽다는 친위 쿠데타가 왜 실패했을까. 일인지하만인지상(一人之下萬人之上)의 총리도 12·3 계엄의 잘못과 비정상을 꾸짖는 것을 보면 12·3 계엄의 운명은 애초부터 실패가 아니었을까…….

〈국회 내란 국정조사 특위〉
2025년 1월 15일

> **민병덕** : 한덕수 국무총리님, 12월 3일 비상계엄이 위헌·위법입니까, 아닙니까?
>
> **한덕수** : 물론 사법당국에서 적절한 절차를 통해서 판단을 하리라 생각합니다만 저희는 "잘못됐다." 이렇게 생각합니다.
>
> ──────중략──────
>
> **민홍철** : 총리님, 아까 답변하실 때 "12·3 계엄이 잘못된 것이다."라고 말씀을 해주셨는데요. 이것은 헌법에 위반되고 계엄법에 위반됐다는 것을 말씀하시는 겁니까?
>
> **한덕수** : 그러한 모든 법적 또 사법적인 문제를 제가 다 알고 하는 것은 아닙니다만 여러 가지 절차상의 흠결이라든지 실체적 흠결이라든지 이런 것들로 봤을 때는 "그것은 정상적인 것은 아니었다." 이렇게 생각합니다.

12·3 비상계엄에서 계엄군이 침탈한 장소는 국회와 중앙선거관리위원회이다. 국회 본관의 유리창을 부숴 진입했고, 본관 지하의 전기를 끊었다. 국회의원들의 출입을 저지해 계엄 해제 의결을 막으려고 했다. 계엄군은 선관위 당직 직원들의 휴대전화를 압수했고, 서버실을 장악했다. 선관위를 한동안 무력화시켰다.

국회는 국민의 대표 기관이다. 12·3 계엄군의 국회 침범은 국민에 대한 침탈과 같은 말이다. 국회는 또 헌법 77조에 따라 대통령의 계엄 통고를 받는 기관이자, 계엄의 해제를 요구할 수 있는 기관이다. 12·3 계엄군의 국회 작전은 국회의 계엄 해제 의결 저지가 목적인 바 12·3 계엄의 위헌성, 위법성은 두드러진다.

중앙선거관리위원회는 독립적인 헌법기관이다. 윤석열 대통령과 김용현 국방부 장관은 선관위의 부정선거 음모론을 확인하기 위해 계엄군을 선관위에 보냈다지만 이미 대법원과 헌법재판소는 부정선거 음모론을 기각했다. 헌법과 법치주의의 보루에서 판단이 끝난 사안을 확인한답시고 계엄군의 선관위 작전을 강행한 것이라 역시 위법·위헌적 성격이 현저하다.

12·3 이전의 계엄은 어땠을까. 사전에 훈련된 정예군들이 전차를 앞세워 도심을 장악했다. 육군본부 정훈감이 계엄 보도처장을 맡아 언론을 통제했다. 계엄 합동수사본부는 포고령 위반자들을 체포해 조사했다. 과거의 계엄들은 12·3 비상계엄과 비교하기 어려울 정도로 삼엄했다. 이렇게 무시무시한 과거의 계엄들도 내부 깊숙이 침탈하지 않은 곳이 있다. 바로 국회와 중앙선거관리위원회이다. 부정선거 음모론은 21세기의 산물이어서 과거 계엄은 선관위를 건들 이유가 없었다. 과거 계엄군들은 국회를 봉쇄하고 야당 국회의원들을 탄압했을지언정(12·3 계엄도 주요 국회의원 체포를 계획했다.) 국회 경내로 들어가 유리창 깨거나 국회 본관으로 침투하지 않았다. 국민의 대표인 국회의원들의 전당은 계엄도 손대지 않던 성역이었다. 12·3

계엄은 개의치 않고 짓밟았다.

 윤석열 대통령과 김용현 국방부 장관은 계엄군의 국회 작전이 계엄 해제 의결 저지를 위한 것이 아니라고 주장하고 있다. 그들의 앞뒤 안 맞는 강변이 사실이라고 치자. 계엄군이 국회에 침입한 명백한 사실, 즉 국민의 대표들의 전당을 유린한 것만으로도 12·3 비상계엄은 권력과 군부의 반헌법적 만행이다.

| 반란의 네 글자 육방특수 |

 12·3 비상계엄의 군부 4인방은 박안수 육군참모총장, 여인형 방첩사령관, 곽종근 특전사령관, 이진우 수방사령관이다. 육군본부, 방첩사, 특전사, 수방사 등 4개 조직의 앞글자만 따면 육방특수가 된다. 육군본부는 육군 최상위 기관으로 육군 전체의 인사권을 틀어쥐고 있다. 방첩사, 특전사, 수방사는 서울과 경기 지역에 주둔하는 특수 정예 부대이다. 육방특수 수장의 자리는 극소수 예외를 제외하고 모두 육사 출신들이 차지했다. 육방특수가 왜 12·3 계엄의 중추가 됐을까.

 12·3 계엄과 견줘볼 만한 흥미로운 역사적 사례가 있다. 김

2009년 SBS와 인터뷰하는 고 김영삼 전 대통령.

영삼 정부의 군부 사조직 하나회 숙청이다. 김영삼 대통령은 취임 11일 만인 1993년 3월 8일 전격적으로 김진영 육군참모총장과 서완수 기무사령관(현 방첩사령관)을 보직에서 해임했다. 하나회 숙청의 시작이었다. 1차 숙청 후 한 달이 채 지나지 않은 4월 2일 김형선 특전사령관과 안병호 수방사령관을 경질했다. 하나회 2차 숙청이었다. 1~4차로 구분되는 하나회 숙청 중 기선제압의 전반전인 1, 2차 숙청의 대상이 육군참모총장, 방첩사령관, 특전사령관, 수방사령관 등 육방특수였다.

김영삼 대통령이 서둘러 육방특수를 날린 것은 하나회 숙청 중 발발할지 모를 쿠데타의 싹을 없애기 위한 선제적 조치로 볼 수 있다. 윤석열 대통령은 육방특수의 힘을 빌려 12·3 계엄을 저질렀다. 김영삼 대통령이 자른 장군과 윤석열 대통령이 의지한 장군의 직위가 일치한다. 우연한 일치기 아니다. 군부의 구조적인 특징에서 비롯된 필연적 일치이다. 군의 정치 개입을 막으려면 우선 육방특수를 개혁해야 한다는 통찰이 자연스럽게 도출된다. 다음은 2009년 김영삼 대통령의 SBS 인터뷰 중 일부이다.

> **〈김영삼 전 대통령 SBS 인터뷰〉**
> 2009년 2월
>
> **기자 :** 김진영 육군참모총장, 서완수 기무사령관(방첩사령관) 먼저 하나회 척결의 핵심으로 해임하셨는데 그 당시에 임기가 좀 남아있었던 분들이죠?
>
> **김영삼 :** 남았었죠. 그 사람들도 감히 내가 그렇게 할 거라고 생각을 못 했죠. 급습을 당한 거죠.
>
> **기자 :** 당시 생각했던 하나회의 문제점은 무엇이었습니까?
>
> **김영삼 :** 대통령이 군의 최고 통수권자거든요. 대통령을 두고 하나회가 마음대로 하는 겁니다. 하나회가 우리나라에서 제일 권한이 있는 사람들입니다. 하나회는 계통이 대장에서 중장으로 소장, 그리고 영관급까지 있습니다. 하나회 청산하고 나니까 영관급들은 전부 저를 따라오죠. 군인들은 또 그런 거는 빠릅니다.
>
> **기자 :** 하나회가 통수권을 훼손한 거죠?
>
> **김영삼 :** 전두환이니 노태우니 이런 사람들이요. 군 간부들을 한 달에 두 번쯤 초대합니다. 초대해서 안가에서 술을 먹이고요. 아가씨들도 불러서 같이 놉니다. 놀고 나서 돈을 줘요. 돈과 여자들, 힘으로 정권을 잡고 있었던 겁니다. 기가 막히는 일이죠.
>
> **기자 :** 취임 3개월 안에 하나회 출신 18명이 군복 벗었고, 떨어진 별만 한

> 40개 됩니다. 하나회 출신들이 쿠데타 일으킬 가능성 없었습니까?
>
> **김영삼** : 너무 갑자기 해버렸기 때문에 이 사람들이 정신을 못 차렸죠. 김진영이 육군참모총장인데 거기에 김동진을 임명하고, 그날로 김동진을 참모총장실로 가라고 했죠. 1군사령관도 마찬가지, 수도방위사령관도 마찬가지입니다. 그날 다 부임한 겁니다, 내가 발령한 그 날.

김영삼 대통령의 인터뷰에 따르면 전두환, 노태우는 한 달에 두 번쯤 고위 장교들을 안가에 초대해 술대접을 했다. 용돈 찔러주며 군인들을 도닥였다고 한다. 권위주의 군사 정권이 군부를 다스리는 수단이 돈과 술이었나 보다. 김영삼 대통령은 이런 관행을 적폐로 보고 안가들을 모두 철거한 것으로 전해진다.

윤석열 대통령도 장군들을 삼청동 안가로 불러 만찬을 즐겼다. 술도 몇 순배 돌았을 터. 윤석열 대통령은 그 자리에서 계엄을 말했고, 김용현은 "대통령에게 충성을 다 할 장군들."이라며 대통령과 장군들의 비위를 맞췄다. 윤석열 대통령은 30~40년 동안 사라졌던 대통령과 장군들의 안가 술자리라는 역사의 퇴물을 되살렸다. 40여 년 지하에 묻혔던 계엄의 괴물도 깨웠다. 윤석열 대통령은 계엄, 쿠데타와 불가분인 전두환, 노태우와 참 닮았다.

정보사가 왜 계엄에?

윤석열 대통령의 12·3 비상계엄에는 육방특수 외에 특이한 별동대가 등장한다. 정보사령부이다. 정보사는 북한을 상대로 공작 및 작전을 하는 부대이다. 적 후방교란 및 요인 암살, 대북 정보 입수 등을 업으로 한다. 계엄군의 역할이 국내의 치안과 질서 유지인 것을 감안하면 정보사의 계엄 임무는 없다. 그럼에도 정보사는 계엄의 주력으로 등장했다.

정보사 계엄 참여의 중심인물은 노상원 전 정보사령관이다. 노상원은 12·3 비상계엄으로 일약 군의 거물로 떠오른 김용현 국방부 장관의 최측근이다. 여기에 더해 문상호 정보사령관, 구삼회 기갑여단장, 정성욱 정보사 대령 등 정보사의 계엄 작전에 뛰어든 장교들은 인사의 동아줄이 간절했다. 이런 관계들이 기막히게 엮이는 바람에 정보사는 계엄군이 됐다.

김용현 국방부 장관과 노상원 전 정보사령관의 관계는 30여 년 전으로 거슬러 올라간다. 1990년 무렵 청와대를 지키는 수방사 55경비대대의 작전과장이 김용현 소령이었다. 그 바로 밑에 노상원 대위가 있었다. 권력의 지근거리 부대에서 두 사람은 상관과 부하의 관계로 만났다. 둘의 인연은 박흥렬 제38대 육군참모총장(2006.11~2008.3) 체제에서 만개했다. 박흥렬 총장 체제에서 김용현은 비서실장이었다. 노상원은 비서실 산하 정책과장이었다. 그때부터 노상원은 김용현의 정책 비서관 같은 역할을 한 것으로 추정된다.

노상원 전 정보사령관은 SBS와 전화 인터뷰에서도 김용현 국방부 장관에게 자주 정책 조언을 했다고 밝혔다. 조언의 범위는 초급간부 근무여건 개선부터 대통령 탄핵 방어까지 광범위했다. 경호처와 국방부 업무 전반을 놓고 김용현은 노상원과 협의를 한 것으로 보인다. 두 사람은 계엄을 두고도 머리를 맞댔다. 김용현 장관은 정치 DNA가 스며든 육방특수를 계엄의 정규군으로, 노상원 전 사령관은 친정인 정보사를 계엄의 별동대로 각각 선택해 체계적으로 계엄을 기획했다.

마침 2024년 하반기 정보사의 고위 장교들은 인사상 어려움을 겪고 있었다. 사령관-부하의 말다툼 사건, 군무원 정보유출 사건이 정보사에서 잇따라 터졌고, 최고 책임자인 문상호 정보사령관의 교체가 유력시됐다. 국방부는 정보사의 대대적인 조직개편을 공언했지만 문상호 사령관은 유임됐다. 정성욱 대령은 군무원 정보유출 사건의 실무 책임자로서 징계가 불가피했다. 처분은 몇 달간 직무배제가 전부였다. 문상호, 정성욱은 발등의 불은 껐지만 향후 진급을 기대하기 어려운 처지였다. 남은 길이라곤 전역밖에 없던 두 장교에게 진급이 상품으로 걸린 게엄 참여의 상이 차려졌다. 다음은 추미애 더불어민주당 의원이 공개한 정성욱 대령의 공소장 내용이다.

> **〈국회 내란 국정조사 특위〉**
> 2025년 2월 6일
>
> **추미애**: 정성욱 대령의 말에 따르면 미리 진급자 명단을 사전에 빼가지고 이번 계엄에 가담할 군인들을 포섭하고 회유하는 데 이 진급 인사 명단 빼낸 것을 활용했다고 합니다. 정성욱한테도 그렇게 포섭을 했다고 해요. 그래서 본인도 인사를 기대하고 노상원의 지시를 말없이 따랐다고 합니다.

구삼회 기갑여단장은 정보사 소속이 아님에도 정보사 계엄 작전에 규합됐다. 구삼회 여단장은 진급 누락으로 전역을 고민하던 차였다. 노상원 전 정보사령관은 구삼회 여단장을 진급으로 유혹했다. 유혹을 받아들인 구삼회 여단장은 대신 계엄의 독배를 마셨다. 구삼회 여단장은 국회에서 이를 인정했다.

> **〈국회 내란 국정조사 특위〉**
> 2025년 2월 4일
>
> **박선원**: 진급 실패하고 힘들었을 때 "김용현 장관이 곧 중용해줄 거다. TF 임무 맡길 거야." 그런 말 누구한테 들었습니까?
>
> **구삼회**: 그 내용은 노상원 장군으로부터 들은 건 사실입니다.

> **박선원** : 그렇죠?
>
> **구삼회** : 예.
>
> **박선원** : 장관이 장군님을 중용할 거다. 그리고 나서 가보니 햄버거집이었고, 가보니 판교였지 않습니까? 판교에 가셨지요. 저녁 6시경에?
>
> **구삼회** : 그 부분은 지금 수사 중인 사항입니다.

정보사 계엄의 주역인 문상호, 정성욱, 구삼회는 경기도 안산 상록수역 인근 롯데리아에서 노상원 전 정보사령관을 만나 계엄을 모의했다. 방첩사와 별도로 수사단을 꾸려 정치인과 선관위 직원을 체포하고 조사하는 계획을 꾸몄다. 체포와 조사에는 정보사 최정예 요원들이 동원될 예정이었다. 조사에 쓸 야구방망이, 케이블타이도 준비가 됐다.

만약 문상호, 정성욱, 구삼회가 진급의 유혹에 초연했다면 어땠을까? 정보사는 계엄의 늪에 빠지지 않았을지도 모른다. 음지에 있던 부정선거 음모론이 양지에서 활개 치지 못했을지도 모른다. 계엄 실행에 실패했을지도 모른다. 한국의 군인에게 진급은 무엇일까? 총 들고 헌법기관에 침입하는 것마저 수용하는 절대적 가치란 말인가. 문상호, 정성욱, 구삼회만 진급의 별 종이기를 바라고 또 바란다.

12. 군부 딛고 꽃피운 문민통제

| 민주주의 문민통제란 |

문민통제(civil control of the military, civilian control of the military)는 말 그대로 문민이 군을 통제한다는 의미이다. 군의 국가성과 정부의 정파성은 양립하기 까다롭기 때문에 민군관계는 근원적으로 갈등을 내재한다. 민주주의는 정부의 손을 들어 문민 우위의 통제를 확립했고, 군은 정부의 정치적 목적에 복무하도록 했다. 문민 우위(civilian supremacy)는 민주주의 문민통제의 원칙이다.

사무엘 헌팅턴과 피터 피버 등 문민통제 연구의 대가들은 문민통제를 행정부, 국회 등 정부의 군에 대한 통제로 보았다. 행정부, 입법부, 사법부로 구성된 문민정부 가운데 한국의 경우 행정부, 그중에서도 대통령을 위시한 청와대 또는 대통령실이 문민통제의 정점을 형성한다. 대통령은 헌법과 법률이 정하는 바에 입각해 국군을 통수한다. 대통령은 국민들로부터 위임받은 권력, 국민들에 의해 선출된 권력으로서 군에 대해 통제권을 행사할 법적 권한을 갖는다.

문민통제는 쿠데타, 군부 통치, 정치 개입의 근절과 동의어로도 사용된다. "지키는 자를 누가 지킬 것인가."라는 전통의 명제가 적실히 표현하듯 군은 외부 위협으로부터 국민과 영토를 지키지만 과연 군의 잠재적 폭력은 누가 어떻게 통제할지가 문민통제의 오랜 과제이다. 따라서 문민통제를 쿠데타, 군부 통치, 정치 개입과 상극의 관계로 보고, 쿠데타와 군부 통치의 부재 또는 낮은 발생 가능성으로 정의하기도 한다. 쿠데타와 군부 통치는 군이 정치에 개입하는 극단적 모습이다. 문민통제는 우선적으로 쿠데타와 군부 통치를 반대하고 저지하기 위해 노력해야 한다.

한국을 비롯한 민주주의가 제도적으로 안정된 국가에서는 쿠데타, 군부 통치의 저지보다 안보정책 의사결정 과정과 군의 복종으로 좁혀 문민통제를 의식한다. 민군의 전략적 상호작용을 거쳐 안보정책은 결정되고, 군은 결정된 안보정책 수행의 명령에 복종하는 방식이다.

안보정책 의사결정 과정에서 군의 역할은 조언이다. 무력 운용의 전문가로서 비전문가인 문민에게 올바른 안보정책을 결정할 수 있도록 군사적 의견을 제시하는 역할이다. 조언이 받아들여지지 않았을 때 지휘관은 사임하거나 부대 지휘를 거부할 수 있다. 정책의 최종적 결정은 국가와 시민을 합법적으로 대표, 대리하는 문민정부의 권리이다. 결정된 정책의 옳고 그름은 문민정부의 책임하에 있다. 군은 결정된 정책의 이행이라는 명령에 복종해야 한다. 군은 수행한 정책의 시비가 아니라 정책 수행의 즉시성과 효율성, 즉 정책 수행의 결과로 평가받는다.

　민주주의 문민통제의 대표적인 방식은 객관적 문민통제이다. 객관적 문민통제는 헌팅턴에 의해 정립된 이래 민주주의 문민통제의 정석(norm)으로 불린다. 객관적 문민통제는 군의 전문직업화를 통해 군인을 군인답게 만들고, 탈정치화를 통해 군이 국민과 국가의 도구가 되는 방식이다. 요체는 정치 중립이다. 이에 반하는 것은 주관적 문민통제이다. 문민이 군을 수단으로 삼아 권력을 강화하는 방식이다. 권력은 군을 포섭하고, 군부는 권력에 호응하는 정치의 과정이 불가피하다. 계엄과 쿠테타는 주로 주관적 문민통제 중에 나타난다.

| 한국 문민통제의 탄생 |

　한국의 민주주의 문민통제는 1993년 출범한 김영삼 정부에서 시작됐다. 김영삼 문민 대통령이 취임했다고 곧바로 문민통제가 꽃을 피운 것은 아니다. 김영삼 정부는 권력을 쥐고 있던 군부와 투쟁을 벌여 승리를 거뒀고, 그 결과 문민통제라는 트로피를 획득했다. 김영삼 문민정부가 벌인 군부와의 투쟁은 군부 사조직 하나회 척결과 율곡비리 수사이다.

하나회는 권력의 산실이었다. 하나회 소속 장군들은 5공화국과 6공화국에서 육군참모총장, 보안사령관, 수도방위사령관 등 군부의 요직을 독점했다. 전역 후에도 청와대와 행정부, 국회, 기업체 등 각계의 핵심적 자리로 진출했다. 5, 6공화국에서만 2명의 대통령과 5명의 안기부장, 4명의 경호실장을 배출했다.

김영삼 정부는 용의주도하게 계획을 세워 하나회를 척결했다. 김영삼 정부 초대 국방부 장관을 지낸 권영해는 김영삼 정부를 회고하며 "대통령이 되기 전에 하나회 척결 구상을 했다.", "무소불위로 정치권에까지 영향력을 행사하는 집단에 대해 사전에 많은 자료를 준비했다.", "대통령에 취임하면 신중하게 추진하겠다는 복안을 가지고 있었다."라고 증언했다. 정부 출범 11일 만에 전격적으로 하나회 소속의 육군참모총장과 기무사령관을 해임했고, 한 달도 안 돼 특전사령관과 수방사령관을 경질했다. 이후 4월 8일과 15일 대대적 장성 인사로 하나회의 잔당들을 쫓아내 하나회 숙청을 마무리했다.

하나회 숙청을 끝낸 김영삼 정부의 시선은 율곡사업에 쏠렸다. 율곡사업은 1974년부터 1986년까지 매년 국방예산의 30~40%를 투입한 전력 증강 프로젝트이다. 김영삼 정부의 감사원과 검찰은 율곡사업 과정에서 업체로부터 금품을 수수한 전 국방부 장관, 전 참모총장, 전 청와대 외교안보수석 등을 적

발해 구속했다. 군 내 만연했던 비리를 청산함으로써 정치군인의 자금줄을 차단했다. 하나회 청산과 율곡사업 비리 수사는 정치군인의 퇴장과 문민 우위의 민군 양립 체계를 정립하는 결정적 계기가 됐다. 김영삼 대통령이 SBS와의 인터뷰에서 밝힌 군의 탈정치화 업적에 대한 소회는 다음과 같다.

〈김영삼 전 대통령 SBS 인터뷰〉

2009년 2월

기자 : 하나회 척결을 개혁의 상징으로 꼽으셨는데 하나회 척결도 미리 생각을 해두셨던 건가요?

김영삼 : 하고 있었죠. 그거를 척결하기 전에는 우리나라 민주주의가 안 된다고 생각했습니다. 그런데 그 말을 미리 하면 하나회 사람들이 그냥 안 있거든요. 또 쿠데타 해버리고 그러니까. 그때는 지금 사람들 다 잊어버리고 있지만 쿵 소리만 나도 "아이고! 쿠데타 누가 했구나." 이렇게 생각할 때입니다. 쿠데타……. 참 최고의 죄악인데 그걸 몰라요. 국민들이 다 잊어버렸어요. 나는 대통령이 되면 바로 하겠다고 생각했습니다. 하나회 척결을. 그래서 며칠 만에 착수를 했는데 육군참모총장이 가장 중요하거든요. 그리고 수도방위사령관이 육군 중장인데요. 한 11만 명 정도 거느립니다. 그 사람 하나의 힘으로도 쿠데타 할 수 있습니다. 전부 하나회 사람이거든요. 전부 해임해 버렸죠. 해임하면서 동시에 비 하나회 사람을 임명했거든요. 하나씩 진급을 시켜서 중장을 대장으로, 소장을 중장으로……. 우리가 전통적으로 중장 이상은 대통령이 별(계급장)을 달아줍니다. 그런데 별이 모자란 겁

니다. 국방부에서 갑자기 해임해 버릴 줄 모르고 별을 준비 안 해놓은 겁니다. 그래서 이 사람들 불러다가 별을 달아주려고 그러는데 계급장이 모자란 겁니다. 국방부에 얘기해서 국방부 국장들은 다 현역이거든요. 그래서 별을 좀 빌려달라고 해서, 빌려서 달아줬습니다.

기자 : 군의 반발은 없었나요?

김영삼 : 내 인기도가 굉장히 높았어요. 김대중과 싸워서 4만 표 모자란 2백만 표 차이로 이겼어요. 국민의 지지가 그만큼 있었기 때문에 힘이 있었던 겁니다. 내가 뭐든지 할 수 있었거든요. 그래서 하나회도 청산할 수 있었던 거지요. 하나회를 청산 안 했으면 김대중이나 노무현이 대통령 안 됐을 겁니다.

기자 : 아침에 권영해 국방부 장관과 조찬 회동하면서 참모총장, 기무사령관 해임을 이야기하고 불과 4시간 만에 전격적으로 해임하셨는데…….

김영삼 : 오래전부터 생각이었거든요. 그날 권영해 장관도 되게 놀랐습니다. 그러나 권영해 장관이 국방부 장관이니까 의견을 듣게 돼 있거든요. 의견을 듣는 형식을 취했지만, 그거는 사실 내 생각이죠.

기자 : 그때 하나회를 척결 안 했다면 어땠을까요? 제3의 쿠데타, 제4의 쿠데타…….

김영삼 : 그런 가능성도 있고요. 내가 취임했을 때 외국 신문들이 기사를 톱으로 쓴 게 있어요. "김영삼이가 문민 대통령이지만 군과 동거할 거다." 이렇게 써놓은 겁니다. 톱으로 말이죠. 내가 반론을 제기 안 하고 속으로 "웃기지 마라. 내가 대통령 하면서 그렇게

> 더럽게 안 한다. 왜 동거를 하느냐!" 이렇게 생각하고 있었어요.
> 그런데 하나회 숙청하니까 세계가 또 한 번 놀랐죠.

| 한국적 특수성 : 진보의 간섭, 보수의 자율 |

한국의 문민통제는 진보·보수 정부의 대북 인식과 밀접한 관계가 있다. 진보 정부는 북한을 현상 유지 체제로 규정하고 포용적 대북 인식을 견지한다. 보수 정부는 북한을 현상 타파 체제로 보고 적대적 대북 인식을 띤다. 군의 대북 인식은 일관되게 보수적, 적대적이다. 민군의 대북 인식은 진보 정부에서 불일치하고, 보수 정부에서 일치한다. 결과적으로 포용적 대북 인식의 진보 정부는 적대적 대북 인식의 군을 간섭하고, 보수 정부는 같은 대북 인식의 군에 자율성을 주는 문민통제의 한국적 특수성이 발현된다.

탈정치화된 군에 대한 본격적인 문민통제는 김대중 정부에서 시작됐다. 김대중, 노무현, 이명박, 박근혜, 문재인 정부를 통틀어 진보와 보수 성향의 정부에 대해 군은 대체로 순응하고 복종했다. 진보 정부는 대북 인식이 상이한 군을 경계해 간섭했고, 군은 간헐적으로 반발했지만 결과적으로 복종했다. 보수 정부는 대북 인식이 일치하는 군에 자율성을 부여했고, 군은 높은 수준에서 복종했다. 다소간의 불협화음과 시행착오가 있었지만 문민 우위라는 민주주의 문민통제의 기본 원칙은 지켜졌다.

김대중, 노무현, 문재인 대통령의 진보 정부는 군에 별도의 수세적 지침을 내리거나, 교전규칙을 복잡하게 작성토록 했다. 현장 지휘관의 재량권은 상당폭 제한됐다. 김대중, 문재인 정부의 군은 순응하며 명령과 책임을 이행했다. 노무현 정부의 군은 일시적으로 책임을 회피했다. 2004년 노무현 대통령은 남북 우발 충돌 금지를 지시했지만 해군 함정들은 서해 NLL에서 북한 선박을 향해 잇따라 함포사격을 했다. 서해 해상 우발적 충돌 방지를 위한 남북의 군비 통제 합의인 6·4 합의 직후에도 해군 함정들은 서해 NLL에서 북한 경비정에 사격하고 교신 사실을 숨겼다. 이에 문민정부는 군을 처벌했고, 군은 다시 복종했다.

노무현 정부 초기, 해군 함정들의 NLL 사격은 예외적으로 나타난 문민에 대한 군의 반발로 볼 수 있다. 문민통제가 강하면 군은 반발 및 책임회피를 할 수 있다. 문민정부가 처벌하고 이후 군이 안정되면 문민통제는 탈 없이 운용된다. 즉, 노무현 정부 초기 군의 반발은 비정상적 현상이 아니다. 종종 나타날

수 있는 정상적 사건이다.

　보수 정부는 교전규칙을 초월하는 자위권을 발동했고, 선조치 후보고의 자율적 교전규칙을 하달해 군의 자율성을 극대화했다. 자율을 부여받은 군은 공세적으로 행동했다. 2009년 대청해전에서 북한이 50여 발 사격하는 동안 한국의 해군은 4,950발로 100배 대응했다. 2014년 10월 극적인 남북 고위급 대화가 성사되고 3일 후 서해 NLL 주변에서 북한 함정을 향해 100발 가까운 조준 격파 사격을 했다. 금강산에서 이산가족 상봉이 진행되는 동안 NLL과 MDL에서 경고사격을 하기도 했다.

　한국의 문민통제 역사에서 군은 노무현 정부 초반 일시적으로 문민정부와 갈등했고, 나머지 기간 대체적으로 순응했다. 군사작전은 진보 정부에서는 수세적으로, 보수 정부에서는 공세적으로 나타났다. 한국 민군의 전략적 상호작용은 갈등 국면이 많지 않아 역동적이라기보다 안정적이었다. 진보와 보수 정부의 문민통제는 판이한 양상이었음에도 문민통제 자체는 굳건했다.

13. 윤석열 정부의 문민통제 실패

| 평화 중 발동된 자위권 |

 윤석열 정부의 문민통제는 어떠한가. 일단 자율적 문민통제라는 보수 정부의 전형적인 모습을 띠었다. 군에 자율성을 줬고, 군은 기회 될 때마다 자위권을 운위하며 공격성을 앞세웠다. 군이 고도의 자율적 권한인 자위권을 선점했다는 것은 전투의 결정권이 상당 수준 군에 넘어갔다는 뜻이다. 윤석열 정부 시기 강화된 군의 자위권은 즉강끝, 즉 즉시, 강력히, 끝까지라는 자위권 행사 방법론적 조어를 탄생시키기에 이르렀다.

 자위권은 즉시 현장에서 피해만큼 갚아주는 복구의 개념이다. 자위권이 발동되면 군은 까다로운 교전규칙에 얽매이지 않고 자율적 군사작전을 할 수 있다. 도발 원점 뿐 아니라 지원 및 지휘 세력까지 공격하는 조치로 전면전을 각오해야 한다. 군이 자의적으로 자위권을 휘둘렀을 때 군이 개전을 결정하게 되는 반(反) 문민통제적 국면을 맞을 수도 있다. 그래서 북한에 적대적인 보수 정보라고 해서 늘 자위권을 내세우는 것은 아니다.

 윤석열 정부의 제1기 국방 체제는 이종섭 국방부 장관, 김승겸 합동참모본부의장, 박정환 육군참모총장, 이종호 해군참모총장, 정상화 공군참모총장의 진용으로 꾸려졌다. 2022년 5월 27일 계룡대 연병장에서 열린 육해공군 신임 참모총장 취임식에서 이종섭 장관은 "만일 북한이 직접적인 도발을 자행한다면 자위권 차원에서 단호하게 대응해야 한다."라고 훈시했다. 북한의 이상 동태가 없었는데 '직접적 도발' 정도의 모호한 기준을 내걸고 자위권이라는 강력한 대응 태세를 예고한 것이다. 꽤 성급한 언행으로 보였지만 이에 그치지 않았다. 김승겸, 박정환, 이종호, 정상화 등 육해공군의 대장들도 전방 시찰 등 기회가 될 때마다 자위권을 강조했다.

통수권자도 군의 자위권에 힘을 실었다. 윤석열 대통령은 2023년 1월 11일 국방부·외교부 업무보고 중 "우리의 자유와 평화를 위협하는 도발에 대해서는 강력한 자위권을 행사할 수 있도록 만반의 준비 태세를 갖춰야 한다."고 밝혔다. 자위권 행사의 기준을 '자유와 평화를 위협하는 도발'로 역시 모호하게 제시했고, 이로써 자위권은 윤석열 정부의 대북 대응 공식이 됐다. 2023년 10월 취임한 신원식 국방부 장관은 자위권의 구호로 즉강끝 태세를 공표했다. "북한이 도발하면 즉시, 강력히, 끝까지 응징해 추가 도발 의지와 능력을 분쇄하겠다."라는 것이 즉강끝이다. 자위권 행사의 방법론이 한층 구체화된 것으로 김용현 장관도 즉강끝 태세를 계승했다.

이명박, 박근혜 대통령의 과거 보수 정부의 경우 북한의 특대형 도발이 발발한 이후에나 자위권 카드를 꺼냈다. 천안함 폭침이 북한 소행으로 밝혀지자 이명박 대통령은 2010년 5·24 대국민담화에서 자위권을 말했다. 이 대통령은 "북한이 영토, 영공, 영해를 침범하는 도발을 했을 때."로 자위권 발동의 한계를 명확하게 정했다. 연평도 포격전 열흘 뒤인 2010년 12월 3일 김관진 국방부 장관 후보자는 "북한의 일방적 도발에는 교전 규칙이 아니라 자위권으로 응징할 것."이라고 대북 압박 수위를 높였다. 2013년 2월 3차 핵실험, 3월 정전협정 백지화 위협 등 북한이 군사적 행동에 나서자 김장수 안보실장은 "자위권 차원에서 도발 원점, 지원 세력, 지휘 세력까지도 포함시켜서 응징한다."고 경고했다.

자위권 운운하는 윤석열 정부의 국방 체제에서 북한이 소소한 도발이라도 하면 남북이 크게 충돌할 것 같았다. 2022년 12월 북한 무인기가 서울 상공 한복판을 유린했다. 군은 속수무책이었다. 자위권 차원의 대응은커녕 상황 전파부터 실패했다. 북한은 대륙간탄도미사일, 정찰위성을 발사하는 등 꾸준히 여러 종류의 미사일로 도발했다. 기상천외한 오물 풍선을 날려 보냈고, GPS 교란 전파도 자주 쐈다. 정부와 군의 가장 강력한 대응은 2018년 발효된 9·19 군사합의 효력 정지와 대북 확성기 방송 재개이다. 공언했던 자위권 차원의 대응은 없었다. 말만 떠들썩했지 행동은 그렇지 못했다.

| 야당 공격하고, 정책결정 함구하고 |

   미국의 정치학자 잭 스나이더는 1차 대전 발발 직전 문민통제의 약화와 군부의 자율성 확대로 군의 공격성이 강화되는 현상에 주목했다. 1차 대전 시기 유럽의 무기체계는 기관총, 철조망, 참호, 대포 등으로 대표된다. 몇 겹의 철조망으로 둘러 쌓이고 기관총과 대포로 무장한 참호의 완충 지역은 난공불락의 요새였다. 철도망을 통해 예비전력과 보급품을 원활하게 이동시킬 수 있어서 철조망, 참호, 기관총의 방어 우위적 성격은 더욱 공고해졌다. 그럼에도 불구하고 유럽의 열강들은 공격적 교리를 앞다퉈 채택했다. 문민정부의 개입이 줄어들어 군의 자율성이 확대된 환경에서 유럽 무기체계의 방어적 특장점도 군의 공격성을 제어할 수 없었다.

   자율을 확보한 군은 본능을 발휘하기 마련이다. 동서고금을 막론하고 군의 본능은 공격이다. 『전쟁론』의 카를 폰 클라우제비츠가 나폴레옹 전쟁 중 치러진 예나-아우어슈테트 전투에서 목격한 전쟁의 무제한성, 절대 전쟁의 본질도 자율적 군의 공격성이다. 정부의 개입이 최소화되면 군은 고삐 풀린 망아지처럼 자체 목적 달성을 위해 폭주하는 경향이 있다. 국가와 국민의 목적은 뒷전에 밀린다.

윤석열 정부에서 확장된 자율성을 향유한 군의 공격성도 활성화됐다. 공격성은 두 방향으로 전개됐다. 일차적 공격의 대상은 북한군이다. 앞서 지적한 대로 국방부 장관과 합참의장, 참모총장들은 평화 시에 공격적 자위권을 노래하며 으르렁거렸다. 여기까지는 허용 범위 안의 군의 행동으로 볼 수도 있다. 그런데 군이 공격성을 표출하는 또 다른 대상이 나타났다. 야당이다. 윤석열 정부 시기 군이 보여준 야당에 대한 공세는 민주주의 문민통제에서 존재하지 않는 특이한 양상이다.

화근은 김용현 국방부 장관이었다. 2024년 9월 취임 후 국방부 기자실을 찾아 "야당이 올바르지 못하면 직을 걸고 싸우겠다."라며 투쟁심을 높이더니 취임 인사차 방문한 국회 본회의장에서 야당 의원석에 눈길도 안 주고 그냥 지나쳤다. 급기야 10월 국정감사 중 "군복 입고 할 얘기 못 하면 더 병신."이라고 야당 의원에게 막말했다. 비아냥대기, 말 끊기 등 위태로운 태도로 야당 의원들과 일촉즉발까지 갔다.

현역 군인들도 김용현 장관의 주문에 전염된 듯 군복 입고 야당 정치인과 말다툼하는 볼썽사나운 장면을 연출했다. 현역 서열 1위 김명수 합참의장과 충암파 여인형 방첩사령관이 합동참모본부와 국방부 국감에서 몇몇 야당 의원들과 거친 설전을 벌였다. 김명수 의장은 2025년 1월 내란 혐의 진상규명 국정조사 특위에서도 계엄 중 지휘봉 빼앗긴 치욕에 단 한마디 사과 없이 "북풍이라든가 외환 유치라는 얘기를 하는데 그런 준비를 한 정황은 절대 없다.", "외환이라는 용어는 군을 무시하는 것으로 군사작전은 절대 조사나 수사의 개념이 아니다."라고 목청을 높였다.

민주주의 문민통제에서 국방부 장관은 문민정부를 대리해 군을 지휘·감독한다. 한국의 문민통제에서 국방부 장관은 문민정부를 대리하기보다 군을 대표하는 경향이 강하다. 한국 문민통제의 특수성이다. 군을 대표하는 만큼 국방부 장관은 각별히 정치 중립을 지켜야 한다. 국방부 장관의 언행이 정치적이면 군이 정치적으로 행동하는 것처럼 자동 인식되기 때문이다. 김용현 장관의 정치적, 공격적 언행은 군의 정치화와 등치됐다. 정치적 군은 민주주의 객관적 문민통제와 배치된다.

군은 김용현의 공격성을 본받아 야당과 싸웠다. 군과 정치의 투쟁은 그 자체로 군이 정치에 휘말리는 군의 정치화로 이어진다. 민주주의 문민통제에서 군이 제 목소리를 낼 곳은 따로 있다. 무력 운용의 비전문가 문민과 안보정책 결정을 위해 토론하는 장소이다. 문민을 설득해 올바른 안보정책을 결정케 하는 것이 군의 역할이다. 윤석열 정부의 군이 안보정책 결정 과정에서 큰 소리 냈다는 증거는 지금까지 보지 못했다. 김용현 국방상왕의 뜻을 거스르는 장군도 보지 못했다.

윤석열 정부에서 정치적 군이 안보정책 결정 과정에서 제 몫을 못하는 문민통제의 퇴행이 드러났다. 비정치적 전문직업군이 안보정책 결정 과정에 적극적으로 임하는 민주주의 문민통제와 정반대의 양태가 윤석열 정부에서 펼쳐졌다. 군이 충분히 보장받은 자율의 크기와 무게가 무색하다.

| 민주주의 문민통제의 실패 |

계엄군의 한 축을 맡은 이진우 수도방위사령관은 2025년 2월 6일 국정조사 특별위원회에서 이렇게 말했다. "민주주의 국가의 문민통제 체제에서 저 같은 야전에 있는 군인이 대통령이라든가 장관의 명령이 위법이라고 생각해서 반기를 들면 어떤 상황이 벌어지겠습니까? 제 마음대로 하는 겁니다. 이게 바로 쿠데타입니다."

별 셋 육군 중장의 무지함이 충격적이었다. 민주주의 문민통제의 의사결정 원칙은 문민과 군이 치열하게 토의해서 정책 결정하고, 확립된 정책에 군은 순응하는 것이다. 정책 결정 과정에서 장군은 대통령에게 반기를 들 수 있다. 이는 군사 전문가의 소신을 발현하는 것이지, 쿠데타가 아니다. 정책이 결정된 다음은 복종만이 길이다.

계엄 장군들은 계엄 1년 전인 2023년 12월부터 윤석열 대통령으로부터 계엄의 의지와 계획을 전해 들은 것으로 알려졌다. 이진우 수도방위사령관도 윤석열 대통령이나 김용현 국방부 장관이 계엄을 말하는 자리에 두어 번 있었다. 계엄을 윤석열 정부의 안보정책이라고 가정하면 윤석열 대통령과 계엄 장군들 사이에서 치열한 토의가 진행됐어야 했다. 안타깝지만 그 누구의 공소장에도 계엄 토론의 흔적은 없다. 계엄 장군들은 대부분 저항 없이 계엄을 수명해 이행했다. 전문직업군의 명예를 버리고 권력에 줄을 선 꼴이다.

한국 군인들이 지향하는 민주주의 객관적 문민통제에 12·3 비상계엄과 같은 일방향적 소통의 사례는 없다. 12·3 비상계엄은 군이 권력의 도구로 정치에 개입하는 권위주의 국가의 주관적 문민통제에서 나올 만한 사건이다. 군이 권력의 수단으로 전락하는 주관적 문민통제에서 대통령에게 반기를 드는 것은 쿠데타라고 칭할 법하다. 이진우 사령관의 "대통령이나 장관에 반기 들면 쿠데타." 발언은 권위주의 국가의 주관적 문민통제에서나 통할 말이다.

이진우 사령관은 권위주의 주관적 문민통제주의자에 가깝다. 김용현, 여인형, 문상호 등도 권력에 전문성을 바친 주관적 문민통제의 화신들이다. 이들 계엄 장군들은 군을 권력의 정치적 수단으로 쓰이게 함으로써 군의 정치 개입 역사를 되살렸다. 30~40년 만에 재개된 대통령과 장군들의 안가 술자리는 권력과 군의 잘못된 만남을 상징하는 결정적 장면이다. 이런 장군들이 중용됐다는 것은 윤석열 정부의 국방 시스템이 민주주의 문민통제의 관점에서 실패했다는 방증이다.

그나마 다행인 것은 계엄에 동원됐던 젊은 장병들이 국회에서 엉덩이 뒤로 빼고 엉거주춤 행동했다는 점이다. 젊은 장병들은 민주주의 문민통제를 내팽개친 계엄 장군들의 뜻을 따르지 않았다. 주관적 문민통제를 거부했다. 12·3 비상계엄에서 건진 작은 희망이다.

제4부.
주요기사 모음

1. 김용현의 텔레그램 자백

| 단독

'선관위' 계엄군 297명···"부정선거 의혹 수사 목적"

2024년 12월 5일 보도

앵커

오늘(5일) 특집 8시 뉴스는 저희가 단독 취재한 내용으로 시작하겠습니다. 화요일 밤 비상계엄이 선포됐을 때 계엄군이 투입된 주요 정부 기관은 국회와 중앙선거관리위원회였습니다. 그런데 국회의원들이 모여 있던 국회보다 더 이른 시간에, 그리고 국회에 간 숫자보다 더 많은 병력이 선관위에 배치됐던 것으로 드러났습니다. 대통령에게 계엄을 건의했던 김용현 전 국방부 장관은 저희 취재진에게 부정선거 의혹을 수사하기 위한 조치였다고 밝혔습니다. 김태훈 국방전문기자가 단독취재했습니다.

기자

지난 3일 밤 윤석열 대통령의 비상계엄 선포와 동시에 계엄군이 가장 먼저 들이닥친 곳은 중앙선거관리위원회였습니다.

국회 진입 작전이 벌어지기 1시간 전, 이미 선관위 점거 작전에 돌입한 겁니다.

밤 10시 반쯤 선발대 10여 명이 경기도 과천 중앙선관위에 들어가 야간 당직자 등 5명의 휴대전화를 압수했습니다.

> **김용빈 / 중앙선관위 사무총장** : 추가 투입된 100여 명은 1층 로비 등에서 경계작전만 실시하였으며, 총 3시간 20여 분 동안 점거하였습니다.

계엄사령관 포고령 1호 발령 뒤인 4일 새벽 0시 30분 110여 명이 과천 청사에 투입됐고, 비슷한 시간 경기도 수원 선관위 연수원 130여 명, 서울 관악구 여론조사심의위원회에 47명 등 모두 297명의 계엄군이 배치됐습니다.

계엄군이 국회 진입보다 더 먼저, 더 많은 병력을 동원해 선관위를 장악하려 한 이유는 뭘까?

계엄사령관을 맡았던 박안수 육군참모총장은 자신도 모른다고 답했습니다.

> **안규백/ 더불어민주당 의원** : 선관위를 꼭 집어서 특별한 조치를 한 이유는 뭡니까?
>
> **박안수/ 육군참모총장(전 계엄사령관)** : 그것은 제가 모르는 사실입니다.

비상계엄을 윤석열 대통령에게 건의한 김용현 전 국방부 장관이 SBS와 메신저 인터뷰를 통해 답을 내놨습니다.

선관위에 계엄군을 보낸 이유를 묻자, 김 전 장관은 "선관위 부정선거 의혹 관련 수사의 필요성을 판단하기 위해"라고 밝혔습니다.

수사기관이 아닌 계엄군을 통해 부정선거 의혹을 강제수사하려는 의도였다는 겁니다.

일부 보수 유튜버 등은 민주당의 압승으로 끝난 지난 4월 10일 총선 등에 대해 부정선거 의혹을 제기한 바 있습니다.

특히 계엄군이 여론조사를 총괄하는 여론조사심의위까지 점거한 건 선거 출마 후보자부터 대통령까지 지지율 조사 등 여론조사 전반도 수사하려는 의도였던 걸로 보입니다.

| 단독

'군사 경찰' 동원령…계엄 합수본 지휘도 '충암파'

2024년 12월 5일 보도

앵커

　김용현 전 장관의 말은 한밤중에 그 많은 사람을 불안과 공포에 떨게 했던 비상계엄의 목적이 부정선거 의혹을 수사하기 위해서였다는 걸 암시합니다. 심지어 계엄군은 부정선거 의혹을 수사하기 위해서 각 군에서 군사 경찰을 파견받아 대규모 합동수사본부도 만들려 한 걸로 확인됐습니다. 그 수장은 대통령 그리고 김 전 장관과 같은 충암고 출신입니다. 계속해서 최재영 기자의 단독 보도입니다.

기자

　경기도 과천 중앙선거관리위원회에 투입된 계엄군 가운데는 사복 차림의 방첩사령부 요원들도 포함된 것으로 알려졌습니다.

> 부승찬/ 더불어민주당 의원 : 사복 차림 방첩사 인원이 선관위에 진입한 거 알고 계십니까?
>
> 박안수/ 육군 참모총장(전 계엄사령관) : 전 모르겠습니다.

　297명의 계엄군을 동원해 선관위를 장악하는 즉시 방첩사를 중심으로 부정선거 의혹을 수사하기 위한 계엄 합동수사본부도 꾸려지고 있던 것으로 확인됐습니다.

> 부승찬/ 더불어민주당 의원 : 합동수사본부가 구성돼 있었습니까? 구성돼 있습니까?
>
> 박안수/ 육군 참모총장 (전 계엄사령관) : 다 구성 중에 있었습니다.

　정부 소식통은 SBS에 "계엄사령관의 포고령 발표 전후 육해공 각 군 군사 경찰단에 수사 인력을 보내 달라는 상부 지시가 하달됐다."라고 밝혔습니다.

계엄법에 따라 방첩사령부가 계엄 합동수사본부를 총괄하는데 계엄과 무관한 각 군 군사 경찰까지 동원할 정도로 대규모 수사단을 준비했던 겁니다.

계엄 합수부는 여인형 방첩사령관이 지휘합니다.

여 사령관은 김용현 전 장관을 중심으로 충암고 출신 장군들이 모여 계엄령을 논의했다는 의혹이 제기된 '관사 모임'에 참석한 인물입니다.

일부 보수 유튜버들이 총선 등에서 민주당이 압승을 한 건 개표기 부정 등 선관위의 부정한 표 집계 때문이라는 의혹을 제기하고 있습니다.

> 민경욱/ 전 미래통합당 의원 (지난 7월/화면 출처 : 민경욱 TV) : 신권 화폐처럼 빳빳한 투표지들이 나올 수 있느냐고 이런 질문을 했을 때 선관위가 바로 뭐라고 했느냐면 형상기억 특수용지를 사용했기 때문입니다, 라는 이야기를 뻔뻔하게 했습니다.

이런 일방적인 주장을 토대로 계엄군은 대규모 합수부까지 꾸려 부정선거 의혹에 대한 수사를 준비한 것으로 보입니다.

김용현 전 국방부 장관은 선관위 부정선거 의혹에 대한 수사 필요성 판단이 계엄군 투입의 목적이라고 SBS에 설명했지만, 어떤 의혹에 관한 것인지, 상세한 얘기는 차차 하겠다며 답하지 않았습니다.

 | 단독

"계엄 해제 표결 막기 위한 조치"···내란죄 자인?

2024년 12월 7일 보도

앵커

김용현 전 장관은 계엄군을 국회에 보낸 이유에 대해서도 저희 취재진에 털어놨습니다. 계엄 해제 표결을 막기 위한 최소한의 필요 조치였다는 겁니다. 내란죄를 구성하는 국헌문란 행위일 수 있단 걸 스스로 인정한 셈인데, 김 전 장관은 자신은 자유대한민국 수호라는 구국의 일념밖에 없다고 강조했습니다. 이 내용은 안정식 기자가 단독 취재했습니다.

기자

비상계엄 선포 1시간 20분 만에 국회로 진입한 계엄군 280여 명.

> 군인이 왜 왔습니까. 여기에.

국회 유리창을 깨고 건물 안으로 들어간 뒤 3층 본회의장을 향했습니다. 당시 본회의장에서는 계엄 해제 의결을 위한 절차가 진행 중이었습니다.

> 빨리하시죠. 유리창 깨고 진입 중이랍니다. 일단 개의를 해주십시오.

계엄사령관이었던 박안수 육군참모총장은 계엄군의 국회 투입 이유를 모른다고 밝혔습니다.

> **추미애/ 더불어민주당 의원** : 국회에 와서 뭘 하려고, 목표가 뭡니까. 국회에 와서 어떻게 하려고 했어요?
>
> **박안수/ 육군참모총장 (전 계엄사령관)** : (계엄군이 왜) 국회에 왔는지 목표는 제가 정확하게 모르겠고…….

히지만 김용현 전 상관은 이유를 정확히 알고 있었습니다.

국회에 계엄군을 보낸 게 계엄 해제 표결을 막기 위한 것이었냐는 SBS 질문에 맞다고 답하면서 최소한의 필요조치였다고 생각한다고 밝혔습니다.

형법에서는 내란죄를 구성하는 국헌문란의 정의를 헌법에 의해 설치된 국가 기관의 기능 행사를 강압으로 불가능하게 하는 것으로 규정하고 있습니다.

비상계엄 선포 뒤 계엄군이 예상보다 국회에 늦게 투입된 데 대해, 김 전 장관은 대통령을 V로 지칭하며 V 지침이었다면서, 국민 안전과 유혈 사태 방지가 최우선이었다며 경찰이 우선 조치하고 군은 최소한으로 1시간 이후 투입한다는 방침이었다고 밝혔습니다.

김 전 장관은 현재 생각이 어떠냐는 질문에 자유대한민국 수호라는 구국의 일념뿐이라고 밝혔습니다.

계엄 사태와 관련해 국민께 혼란을 드리고 심려를 끼쳐 책임을 통감한다며 대국민 사과를 했지만 김 전 장관의 속내는 다르다는 것을 짐작할 수 있는 발언입니다.

2. 여인형 거짓말의 해독법

| 단독

최소 6시간 전 지시…방첩사 수뇌부 야간 회의

2024년 12월 7일 보도

[앵커]

나라를 한순간에 대혼란에 빠뜨린 지난 3일로 돌아가 보겠습니다. 이 사태의 핵심 인물인 여인형 전 방첩사령관은 방송을 보고 비상계엄 선포를 알았다고 주장했는데요. 계엄 선포가 있기 최소 6시간 전부터 주요 직위자들에게 정위치에 있으면서 긴급연락에 대응할 태세를 갖춰라, 이런 지시를 내린 걸로 확인됐습니다. 비상계엄 선포 1시간 전쯤엔 사령관 집무실에서 방첩사 수뇌부 회의도 있었던 걸로 드러났습니다. 김태훈 국방전문기자의 단독 보도입니다.

[기자]

복수의 방첩사령부 장교들은 SBS에 지난 3일 오후 4시쯤 처장과 실장, 예하 부대장들에게 사령관의 긴급지시가 하달됐다고 말했습니다.

별도 공지가 있을 때까지 부대 내 사무실에 대기하라는 겁니다.

이후 사령관이 보안을 유지하라며 보안폰으로 추가 지시를 내렸다고 밝혔습니다.

군사 상황이 좋지 않으니 야간에도 가급적 정위치 하며, 불가피한 모임이 있더라도 과도한 음주는 피하고, 적어도 통신 축선 상 대기, 즉 긴급연락에 바로 대응할 태세를 갖추라는 게 주요 내용입니다.

여인형 전 방첩사령관은 이에 대해 북한 오물 풍선 부양 가능성, 주요 간부 교체에 따른 조치였다고 해명했습니다.

> **여인형/ 전 방첩사령관** : 그날도 풍향이나 이런 거를 봤을 때 합참에서 평가하기를 쓰레기 풍선이 날아올 확률이 높다. 그날 이제 또 뭔 일이 있었느냐면은 사령부의 대령급 실장들 한 10명쯤이 그날 보직 교대를 했어요

하지만 정작 오물 풍선 대응의 사령탑인 합참은 그날 주요 직위자들에게 관련 공지를 하지 않았고, 오물 풍선도 내려오지 않았습니다.

밤 9시 20분쯤, 비상계엄 선포가 내려지기 약 1시간 전 방첩사령관 집무실에서는 야간 수뇌부 회의가 열렸습니다.

참석자는 여인형 사령관과 방첩사 서열 2위인 000 참모장, 그리고 000 처장으로 확인됐습니다.

방첩사 수뇌 회의가 밤 9시 넘어 열린 건 이례적인 것으로 알려졌습니다. 비상계엄 전에 열린 수상한 회의였는데, 여 전 사령관은 해킹 사건을 논의하는 자리였다고 주장했습니다.

> **여인형/ 전 방첩사령관** : 아주 엄청나게 저희들 민감하게 아주 움직이고 있었어요. 그날 해킹 건이 있어가지고, 그러니까 이게 참 공교로운 거예요.

비상계엄 선포에 따라 점거 작전 지시가 내려갔을 땐 방첩사 내부 반발이 상당했다고 장교들은 증언합니다.

현장 지휘를 맡은 일부 영관급 장교들이 부당한 명령이라며 항명했고, 고위 지휘관들이 이들을 폭행하는 사태까지 벌어졌습니다.

몇몇 장교들은 이런 마찰 끝에 계엄 작전에서 제외됐고, 또 다른 장교들은 병가, 반차 등을 명목으로 비상계엄 동원에서 빠진 걸로 전해졌습니다.

| 단독

국회 해제 의결 시 '대통령 거부권'…방첩사 검토

2024년 12월 7일 보도

앵커

보셨듯이 이번 비상계엄 사태 핵심은 국군방첩사령부로 드러나고 있습니다. 여인형 전 방첩사령관이 지난달 비상계엄 전반에 대한 쟁점 사항을 사전 검토했던 걸로 저희 취재 결과 확인됐습니다. 특히 국회가 계엄 해제를 의결할 경우 대통령이 거부권을 행사할 수 있는지도 검토했던 걸로 드러났습니다. 문건 내용을 홍영재 기자가 단독 입수했습니다.

기자

여인형 전 방첩사령관은 지난 3일 밤 선포된 비상계엄을 TV 뉴스를 통해 처음 알았다고 말했습니다.

> **여인형/ 전 방첩사령관** : 방송 보고 다 같이 깜짝 놀랐어요.

하지만 여 전 사령관은 계엄 전반에 대한 쟁점 사안을 방첩사가 사전 검토한 문건을 보고 받은 것으로 확인됐습니다.

지난달 방첩사가 만든 4페이지 분량의 계엄사-합수본 운영 참고자료입니다.

계엄 선포와 계엄사령관과 사령부 구성, 합동 수사 기구 등 계엄 시 절차와 법적 쟁점을 검토한 내용이 담겨 있습니다.

헌법상 보장된 국회의 계엄 해제요구에 대해 대통령이 거부권을 행사할 수 있는지 검토했지만, 거부 권한이 없다고 적시돼 있었습니다.

방첩사 담당자들은 자신들의 권한 밖 내용을 검토하라는 지시가 내려와

의아해했다고 군 관계자들은 전했습니다.

육해공군 참모총장을 계엄사령관으로 임명할 수 있는지도 검토했습니다.

실제 윤석열 대통령은 군 서열 1위인 합동참모의장 대신 박안수 육군참모총장을 계엄사령관으로 임명했습니다.

여 전 방첩사령관에게 사전에 계엄을 검토한 것이냐는 질문에 처음에는 전시 작전계획에 담긴 내용을 정기적으로 검토한 거라고 말했습니다.

> **여인형/ 전 방첩사령관** : 전시 작계예요. 전시 작계. 전시 작계가 뭔지 아시죠? 작전계획. 그거 한 몇백 페이지 되지 않습니까? 그거 보완한 거예요 보완.

하지만 얼마 지나지 않아 처음 보는 내용이라며 말을 바꿨습니다.

> **여인형/ 전 방첩사령관** : 뭔 소리인지 모르겠습니다 그게.

방첩사 참고자료에는 지난 1979년 박정희 전 대통령 암살, 1980년 전두환 신군부의 비상계엄 확대 직후 나온 계엄 포고령 10호도 검토했다고 나옵니다.

이 포고령에는 정치 집회와 언론, 출판, 보도, 방송의 사전 검열과 위반 시 영장 없이 체포, 구금 처단하는 내용을 담고 있는데, 이번 비상계엄 포고령과 거의 유사하다는 평가를 받고 있습니다.

| 단독

'충암파' 여인형, 중요 행사 불참하며 수차례 회의

2024년 12월 8일 보도

앵커

비상계엄 사태의 핵심 인물 여인형 전 방첩사령관과 관련한 SBS 단독 보도 이어갑니다. 계엄 당일, 여인형 전 사령관이 중요한 행사까지 불참하면서 수차례 수뇌부 회의를 했던 것으로 확인됐습니다. 김태훈 국방전문기자입니다.

기자

비상계엄을 선포하기 약 13시간 전인 3일 오전 9시, 국군방첩사령부에서는 '전입자 신고와 대령 직책 계급장 수여 신고'가 열렸습니다.

방첩사 대령들은 본부 실장이나 각 군 방첩대장을 맡는 방첩사의 중추여서 대령급 신고식은 방첩사에서도 중요 행사입니다.

여인형 전 사령관은 이 신고식 때문에 계엄 당일 바빴다고 SBS에 말했습니다.

> **여인형/ 전 방첩사령관** : 제가 그날 이제 또 뭔 일이 있었느냐면은, 사령부의 대령급 실장들 한 10명쯤이 그날 보직 교대를 했어요.

하지만 정작 여 전 사령관은 신고식에 참석하지 않고 참모장인 OOO 소장이 신고를 받은 것으로 확인됐습니다.

사령관의 대령급 신고식 불참은 전례가 없어 방첩사 장교들은 긴급 상황이 발생한 것은 아닌지 동요하는 분위기도 있었다고 전했습니다.

대신 여 전 사령관은 오전부터 밤 9시 이후까지 방첩사 수뇌부 회의를 여러 차례 주관한 것으로 드러났습니다.

이 회의에는 OOO 참모장, OOO처장 등 장성급이 참석했습니다.

여인형 전 사령관은 SBS에 해킹 사건 수사 협의를 위해 수뇌 회의를 열었다고 했지만, 계엄 문건의 핵심인 대령급 장교까지 참석시켜 하루 종일 여러 차례 회의를 연 이유는 수사로 밝혀져야 할 대목입니다.

3. 대화술에 실토한 노상원

 | 단독

"김용현 '오른팔 나를 자르고 대통령도 탄핵할 것'"

2024년 12월 15일 보도

앵커

지난 4일 새벽 국회에서 계엄 해제가 의결된 직후 김용현 전 국방부 장관과 통화를 했던 예비역 장성을 저희가 인터뷰했습니다. 김 전 장관의 최측근 인사라서 김 전 장관이 평소에도 무슨 이야기를 했었는지 자세히 들을 수 있었는데요. 김수영 기자의 단독 보도부터 보시겠습니다.

기자

국회에서 비상계엄 해제요구 결의안이 의결된 직후인 지난 4일 새벽 1시 반쯤, 예비역 장성 A 씨는 김용현 전 국방부 장관으로부터 전화를 받았습니다.
A 씨는 김 전 장관이 계엄에 실패해 한숨을 쉬었고 허탈해하며 통화했다고 말했습니다.

> **A 씨/ 예비역 장성 :** 의결돼서, (계엄이) 끝나서 허탈해서 전화 한 거지. 왜 이렇게 무모한 짓을 했느냐, 보수 궤멸로 이어질 건데 어쩌자고 이러셨냐 (말했어요).

A 씨는 김 전 장관이 평소 자신이 탄핵당할 것을 크게 우려했다고 전했습니다.
대통령 오른팔인 자신이 탄핵되면 결국 윤석열 대통령 탄핵으로 이어질 수 있다는 것입니다.

> A 씨/ 예비역 장성 : 먼저 장관을 탄핵하고, 오른팔을 자르고 대통령을 탄핵하면 도대체 어떻게 이 난국을 해결해야 할지 모르겠다. 잘못하면 촛불 뭐 이거 또 해 가지고 박근혜처럼 또 윤 대통령도 탄핵당할 것 같다.

실제 장관 취임 뒤 더불어민주당에서 우크라이나에 군을 파병할 경우 김 전 장관을 탄핵하겠다는 경고가 나왔습니다.

> 김병주/ 더불어민주당 최고위원 (지난 10월 30일) : 참관단을 파견을 보낸다면 국방부 장관 탄핵 등 다양한 법적 (조치) 강구를 하겠습니다.

A 씨는 또 김 전 장관이 비상계엄 이전부터 부정선거 관련 이야기를 여러 차례 자신에게 했고, 제보를 받았다는 말도 했다고 전했습니다.

> A 씨/ 예비역 장성 : 김 장관도 부정선거에 대해서는 여러 가지 제보도 받고 그랬다고 하더라고. 부정선거에 대해서도 V(대통령)하고 이제 상당한 공감대를 가진 것 같더라고. 얘기하는 거 보니까.

다만 A 씨는 계엄 관련 이야기는 김 전 장관으로부터 사전에 듣지 못했다고 말했습니다.

 | 단독

'긴급체포' 노상원 "부정선거 증거 없앨까 봐"

2024년 12월 16일 보도

앵커

구속된 김용현 전 국방부 장관의 최측근인 한 예비역 장성을 단독 인터뷰한 내용 어제 저희가 전해 드렸습니다. 그 예비역은 바로 경찰에 긴급체포된 노상원 전 정보사령관입니다. 검찰이 국군정보사령관의 긴급체포는 승인하지 않으면서도 노 전 사령관의 긴급체포는 승인한 건 그가 이번 사태와 깊이 연관돼 있다는 의심이 드는 대목입니다. 노 전 사령관은 체포 직전 저희와의 인터뷰에서 비상계엄 이후 외부 세력이 선관위 서버를 폭파하는 걸 막기 위해 정보사가 선관위를 급히 점거했을 거라고 말했습니다. 김태훈 국방전문기자가 단독취재했습니다.

기자

어제 경찰에 긴급체포된 노상원 전 국군정보사령관은 국회에서 계엄 해제가 의결된 직후인 4일 새벽 1시 반 김용현 전 국방부 장관의 전화를 받았을 만큼 김 전 장관과 가까운 사이로 계엄 포고령 초안을 작성한 걸로 추정된다고 야당이 지목한 인물입니다.

> **김병주/ 더불어민주당 의원 (CBS 김현정의 뉴스쇼)** : (김용현의) 비선 실세라고 보이죠. 김용현-노상원-(문상호) 정보사령관으로 이어지면서 별도의 예비역과 현역의 어떤 사조직을 만들어서 일부 정보사 출신 예비역과 현역으로 점조직처럼 만들어서 이렇게 하지 않았나 싶습니다.

노 전 사령관은 긴급체포 직전 SBS와 전화 인터뷰에서 정보사를 선관위에 제일 먼저 투입한 건 계엄 선포 뒤 예상되는 자료 훼손을 막기 위한 거라고 말했습니다.

> **노상원/ 전 정보사령관** : 얼마나 다급했으면 선관위부터 제일 먼저 투입

> 지시를 했겠어. 어떤 계엄이나 이런 것이 걸리면 선관위를 폭파하거나 서버 아니면 서버를 들고 뛰거나 증거를 없애거나 이럴 우려가 있다고 판단했으니까 거기를 가서 지키고 있으라고 했겠지.

선관위 서버를 통째로 떼오라고 지시한 혐의 등으로 구속된 여인형 방첩사령관처럼, 극우 유튜버들의 '부정선거 음모론'과 같은 맥락의 주장입니다. 계엄군이 선관위 여론조사심의위를 점거했던 이유를 추정할 수 있는 말도 했습니다.

> 노상원/ 전 정보사령관 : 여론을 아무리 자기가 노력을 하고 진정성 있게 해도 도대체가 여론도 실제 여론인지, 조작하는 여론인지 모르겠지만 제대로 나오는 것이 아닌 것 같다.

윤석열 대통령의 지지율이 낮게 나오는 여론조사와 관련해서도 음모론자들의 주장을 믿고 계엄군을 투입했음을 알 수 있는 대목입니다.

| 단독

"평양 때리면 전쟁인데?"…'원점 타격'도 협의

2024년 12월 20일 보도

앵커

구속된 노상원 전 정보사령관이 비상계엄뿐 아니라 국방 분야 여러 현안에 영향력을 행사한 정황이 속속 드러나고 있습니다. 노 전 사령관은 북한 오물 풍선의 원점을 타격하는 방안까지 김용현 전 국방부 장관과 협의했던 걸로 저희 취재 결과 확인됐습니다. 원점 타격은 대북 작전을 책임지는 합참도 공식적으로 언급한 적이 없는 내용입니다. 김태훈 국방전문기자가 단독 취재했습니다.

기자
북한은 지난 5월 28일부터 9월까지 22차례에 걸쳐 오물 풍선 5천500여 개를 날려 보냈습니다.
합참은 강경한 대북 경고 메시지로 군사적 조치 가능성을 언급했지만, 원점 타격을 직접 거론하지는 않았습니다.

> *이성준/ 합참 공보실장 (지난 9월 23일)* : 우리 국민안전에 심각한 위해가 발생하거나 선을 넘었다고 판단될 경우 우리 군은 단호한 군사적 조치를 시행할 것입니다. 군사적 조치에 대한 세부 내용은 설명드리기 어렵습니다.

노상원 전 정보사령관은 긴급 체포되기 전 SBS에 김용현 전 국방부 장관과 북한 오물 풍선 도발에 대응하는 원점 타격 방안에 대해 논의했다고 털어놨습니다.

> *노상원/ 전 정보사령관* : 설령 원점을 우리가 타격하면 저쪽(북한)에서 반대급부가 있는데, 연평도 같은 데 예를 들어서 포 때려버리면 그다음에 우리는 어디 평양 때리냐 그럼 전쟁 나는데, 그건 맞지 않는 논리다, 그런 나의 의견으로 얘기를 해 드린 거지…

두 사람이 군에서는 아무도 입에 담지 않았던 평양 타격까지 언급했던 겁니다.
노 전 사령관은 원점 타격과 장관 탄핵을 연관 지어 설명했다고 말했습니다.

> **노상원/ 전 정보사령관** : 예를 들어서 뭐 원점을 포격한다든지, 그러면 안보 불안을 조성해서 전쟁 상황을 유발할 수 있고, 국민한테 불안감을, 공포감 조성하니까 (국방부 장관) 탄핵 사유로 빌미를 주는 것이다.

전면적인 남북 교전 상황까지 대화할 정도로 두 사람이 국방 전 분야를 상의했던 것으로 추정되는 대목입니다.

> **노상원/ 전 정보사령관** : (김용현 전 장관이) 평상시 내 말을 듣고 나한테 조언을 구하고 했던 것이니까…

민간인인 노 전 사령관이 김 전 장관의 비선 실세로 국방 분야 전반에 막대한 영향력을 행사한 게 드러난 만큼 위법성 여부에 대해 엄정한 수사가 필요해 보입니다.

4. 대통령실 베일 벗기기

| 단독

'결심실 회의' 안보실 2차장·국방비서관 참석

2024년 12월 12일 보도

앵커

비상계엄 당시 군의 움직임은 지금까지 어느 정도 밝혀졌는데, 대통령실의 행적은 대부분 베일에 싸여 있습니다. 12월 4일 새벽 1시 국회에서 계엄 해제 결의안이 통과한 직후에 대통령과 김용현 당시 국방부 장관, 박안수 계엄사령관이 국방부 지하 합참 결심실에서 회의를 한 사실이 밝혀졌습니다. 저희 취재 결과, 그 회의에는 대통령실의 인성환 안보실 2차장과 최병옥 국방비서관도 참석한 것으로 확인됐습니다. 신원식 안보실장과 정진석 비서실장도 비슷한 시간에 국방부 지하를 들른 걸로 취재 결과 확인됐습니다. 민주당은 그 회의에서 제2의 계엄을 논의했을 가능성이 있다고 의심하고 있습니다. 김태훈 국방전문기자가 단독 취재했습니다.

기자

국회 계엄 해제 의결 직후인 지난 4일 새벽 1시 45분에서 50분 사이, 대통령실 경호원으로 보이는 남성들이 국방부 청사의 정문과 후문을 안내판과 가벽으로 가립니다.

그 사이 윤석열 대통령은 국방부 지하 지휘통제실로 들어갔습니다.

곧이어 합참 결심실에 자리 잡고 계엄 핵심 참모들을 불러 회의를 진행했습니다.

> 박안수/ 전 계엄사령관 : (결심실 회의 시작은) 해제(의결)되고 한 30분

> 쯤 지난 것 같습니다.
> **박선원/ 더불어민주당 의원 :** *그러니까 약 1시 40분에, 1시 30~40분에 대통령, 국방부 장관, 육군 총장, 그리고 한두 사람 더 있었죠?*

　이 합참 결심실 회의에는 윤 대통령, 김용현 전 국방부 장관, 박안수 전 계엄사령관 외에 2명이 더 있었던 것으로 SBS 취재 결과 확인됐습니다.
　국방부와 합참 관계자들은 "대통령실의 인성환 안보실 2차장과 최병옥 안보실 국방비서관이 대통령, 국방부 장관, 계엄사령관과 결심실에서 마지막까지 회의했다."라고 밝혔습니다.
　인성환 2차장과 최병옥 국방비서관은 대통령실 안보 컨트롤 타워의 중추로 둘 다 육사 출신입니다.
　윤 대통령이 결심실에 머무는 동안 신원식 국가안보실장, 정진석 비서실장도 국방부 지하를 방문한 것으로 드러났습니다.
　국방부와 합참 관계자들은 "두 실장은 대통령보다 늦게 왔다가, 일찍 떠났다."고 말했습니다.
　비상계엄 시기 대통령실 주요 인사들의 행적이 처음 드러난 건데, 신원식, 정진석 두 실장이 결심실 회의에 일정 시간 참석했을 가능성도 있습니다.

> **김철진/ 국방부 군사보좌관 :** *그 (결심실) 안에 처음에는 여러 분이 들어가셨는데 제가 맨 마지막에 따라 들어가서 끝에 잠깐 앉아 있었는데 정확한 인원들은 기억을 잘 못 하겠습니다.*

　민주당은 결심실 회의에서 제2 계엄까지 논의한 것으로 의심하고 있습니다.

> **부승찬/ 더불어민주당 의원 :** *그 (결심실) 안에서 2차 계엄 지시가 있었고, 거기까지는 제보와 실제적으로 확인된 부분이 좀 있습니다. 그리고 나서 새벽 3시에 육군 총장이 육군 참모부장들을 버스로*

> 전부 소집을 해서······.

결심실 5인방 회의에서 어떤 논의가 있었는지, 또 회의에 앞서 윤 대통령과 인성환 2차장, 최병옥 비서관이 사전 논의를 했는지도 수사 당국이 풀어야 할 과제가 됐습니다.

신원식 안보실장은 SBS에 결심실 회의 참석 여부는 답하지 않고 계엄 사태에 대해 "대통령 참모로서 법적, 도의적 모든 책임을 지겠다."라고 밝혔습니다.

5. 시그널 비밀통신과 이상한 안보교육

 | 단독

"김용현 '시그널'로 계엄 지시…두 달 전 깔았다"

2024년 12월 26일 보도

앵커

모든 대화 내용이 암호화되고 서버에서는 즉시 삭제된다. 텔레그램보다 더 높은 보안 수준을 보인다는 미국 메신저 앱 시그널 이야기입니다. 미국 정부의 비밀을 폭로한 CIA 출신 에드워드 스노든도 썼다고 해서 유명해졌고, 드루킹 사건 때도 연락 수단으로 쓰인 걸로 알려졌는데요. 지난 2018년 이 사건을 수사한 특검이 메시지들을 포렌식으로 복원하려 시도했었지만 어려움을 겪은 적이 있습니다. 그런데 김용현 전 국방부 장관이 두 달 전부터 이 시그널 앱을 깔았고, 그걸로 일부 장성들에게 계엄 작전을 지시했다는 증언이 새롭게 나왔습니다. 김태훈 국방전문기자가 단독 보도합니다.

기자

"비상계엄 당일인 지난 3일 낮, 김용현 당시 국방부 장관이 A 장군에게 전화를 걸었고, 노상원 전 정보사령관을 지원하는 모종의 임무를 지시했다."고 국방부 소식통이 SBS에 밝혔습니다.

이 소식통은 "김 전 장관이 원격 지시할 때 휴대전화의 일반적인 통화 기능을 쓴 게 아니라, 민간 SNS인 시그널로 통화했다."고 전했습니다.

"A 장군도 시그널 앱을 설치해 뒀고, 김 전 장관도 이를 알았기 때문에 그런 통화가 가능했다."는 겁니다.

시그널은 미국의 민간 SNS 메신저로, 음성통화와 문자메시지가 양측에서 모두 암호화되는데 수사당국의 포렌식으로도 삭제된 통화와 메시지 내용을 복원하기가 매우 어렵습니다.

> 정태진/ 평택대 국가안보대학원 교수 : (시그널은) 미국에서는 정치인들과 셀럽들 사이에서 많이 이용되고 있는 보안 메신저입니다. 최근 들어서는 국제 테러 조직이나 범죄 조직에서도 많이 이용하고 있는데요. 가상화폐, (주식)리딩방, 불법도박, 아동 포르노그래피 유통자들 사이에서도…….

또 다른 국방부 소식통은 "김용현 전 장관과 A 장군은 계엄 두 달 전인 지난 10월, 시그널 앱을 깔았다."고 전했습니다.

지난 10월은 계엄에서 핵심적 역할을 맡은 정보사령부가 계엄 상황을 관리할 TF를 구성하기 위해 요원 선발을 시작한 것으로 의심되는 시점입니다.

소식통은 "그때 국방부 내 김 전 장관의 측근들과 몇몇 육군 장성들도 시그널 앱을 휴대전화에 설치했다."며 "여인형 방첩사령관 등도 시그널을 사용했는데, 일부 계엄 관련 논의가 시그널을 통해 이뤄진 걸로 안다."고 말했습니다.

시그널로 한 계엄 논의의 경우, 수사당국이 실체를 파악하는 데 어려움을 겪을 수 있다는 우려를 낳게 하는 대목입니다.

| 단독

노상원도 '시그널'로…"11월 체포 도구 구입 지시"

2024년 12월 28일 보도

앵커

김용현 전 장관이 보안성이 뛰어난 앱이죠, 시그널을 사용해서 계엄 논의를 해온 사실을 저희가 단독 보도해 드렸는데요. 노상원 전 사령관도 주로 이 시그널을 통해서 정보사 관계자들과 접촉한 정황이 확인됐습니다. 계엄 당일, 선관위 직원들을 체포하는 데 쓸 도구를 이미 지난달에 사비로 구입하라는 지시가 내려졌다는 진술도 나왔습니다. 한성희 기자가 단독 보도 이어갑니다.

기자

미국의 민간 메신저 앱으로, 앱 내 음성통화 등의 흔적이 남지 않는 시그널. 공수처 수사팀은 계엄 전 노상원 전 정보사령관과 문상호 정보사령관 등과의 대화가 주로 시그널 통화로 이뤄진 정황을 포착한 것으로 확인됐습니다.

문 사령관은 지난 10일 국회에서 노 전 사령관을 잘 모른다고 증언했지만,

> **박선원/ 더불어민주당 의원 (국회 국방위 지난 10일)** : 노상원 알아요, 몰라요?
>
> **문상호/ 정보사령관 (국회 국방위 지난 10일)** : 잘 모릅니다.

공수처는 김용현 전 국방부 장관의 측근으로 불리는 노 전 사령관이 문 사령관을 포함한 정보사 주요 라인을 시그널 앱을 통해 지휘했다고 의심하고 있습니다.

수사팀은 특히 문 사령관이 계엄 해제 직후 이 앱을 삭제한 정황도 포착한 것으로 전해졌습니다.

또 지난 24일 경찰로부터 이첩받은 정보사 대령 3명을 어제까지 이틀간 조사했는데, 수사팀은 정성욱 대령으로부터, 이미 11월에 선관위 체포조가 사용할 체포 도구를 구입하라는 지시를 받았다는 진술도 확보했습니다.

민간인 신분인 노 전 사령관이 내린 지시로, 지시 대상은 현역인 문 사령관과 정 대령 본인이었다는 것입니다.

또 정 대령은 "문 사령관이 제 돈으로 구입하면 돈을 준다고 했고, 실제 11월 중순 제게 돈을 입금했다."고도 진술한 것으로 파악됐습니다.

지난 1일 햄버거 회동에서 계엄 가능성을 처음 들었다는 문 사령관 진술과 달리, 지난달부터 선관위 체포조 운용을 준비해 왔다는 것입니다.

문 사령관과 노 전 사령관 측은 이 같은 내용에 대한 입장을 묻는 질문에 구체적인 답을 하지 않았습니다.

| 단독

계엄 전에 '반국가세력' 교재 배포…사전 준비?

2024년 12월 29일 보도

앵커

비상계엄 사태 관련 소식입니다. 계엄 일주일 전인 11월 말에 김용현 전 국방부 장관 지시로 반국가세력을 경계하라는 내용의 교육 교재가 전군에 배포됐던 사실이 확인됐습니다. 계엄을 준비하기 위한 차원으로 배포했던 게 아니냐는 의혹이 커지고 있습니다. 김태훈 국방전문기자의 단독 보도입니다.

기자

계엄 선포 8일 전인 지난달 25일.

국방부는 육해공군과 해병대에 파워포인트 약 20장 분량의 정신교육 교재를 배포했습니다.

제목은 '적에게 자비는 없다.'였고, 소제목은 '오직 응징만 있을 뿐이다.'였습니다.

자비 없이 응징할 적으로 김정은 독재정권과 북한군, 그리고 반국가세력을 꼽았습니다.

반국가세력 관련 페이지에는 '자유 대한민국을 부정하는 반국가세력'이라는 부제도 달았습니다.

"남한 내부에서 암약하는 종북 이적단체 등 반국가세력의 실체와 그들 주장의 허구성을 명확히 인식해야 한다."는 내용이었던 것으로 파악됩니다.

지난 3일 윤석열 대통령이 계엄 담화에서 강조한 '반국가세력 척결'과 똑같은 맥락입니다.

> 윤석열/ 대통령 (지난 3일 담화) : 파렴치한 종북 반국가세력들을 일거에 척결하고……

계엄사령부 포고령 1호의 전문에도 "반국가세력의 대한민국 체제전복 위협."이라는 사실상 같은 내용의 문구가 있었습니다.

국방부 소식통은 SBS에 "'적에게 자비는 없다'라는 교육 교재는 김용현 전 국방부 장관의 지시로 국방정책실이 작성해 전군에 배포했다."며 "시점과 내용이 공교롭다."고 말했습니다.

해당 교재에 대해 육군 장교 A 씨는 "전군이 계엄에 동요하지 않게 하려는 최소한의 조치였다고 본다."고 했고, 다른 육군 장교 B 씨는 "지상군 병력을 대대적으로 계엄에 동원하기 위해 사전에 정신교육에 나선 것으로도 볼 수 있다."고 지적했습니다.

교재의 작성과 배포 과정에서 계엄 계획을 사전에 인지한 국방부 당국자들이 있었던 건 아닌지 관련 의혹도 커지고 있습니다.

 |단독

"군 교재로 국민 안보교육"…정부 문건 입수

2024년 8월 13일 보도

앵커

우리 군은 정부의 국가관과 대적관이 담긴 교재로 정신교육을 받습니다. 그런데 정부가 이 군 교재를 활용해서 모든 국민을 대상으로 안보교육을 시키겠다는 계획을 세운 것으로 확인됐습니다. 김태훈 국방전문기자가 단독 보도합니다.

기자

SBS가 입수한 국방부 문건입니다.

지난해 8월 2일 대통령실에서 안보실 실장과 1차장, 국방부, 국정원, 통일부 등의 차관급, 국장급이 참석한 '안보교육 추진 회의'가 열렸다고 돼 있습니다.

이 자리에서는 국민을 대상으로 한 안보교육 방안이 논의된 걸로 알려졌습니다.

회의 결과, 군 정신전력 교육과 국민 안보교육의 연계가 미흡한 점 등을 파악해 8월 22일 상부에 보고했다고 적혔습니다.

군의 한 관계자는 SBS에 "대국민 접점을 찾아 군 정신전력 교재를 국민 안보교육에 적극 활용하는 대안을 안보실에 보고했다."고 말했습니다.

또 다른 문건에는 장병 정신전력 강화를 위한 8가지 추진 과제가 나옵니다.

'민·관·군 안보교육 네트워크 강화'가 구체적 과제로 적시돼 있는데 사관생도와 대학생 간 안보 관련 학술교류의 장을 마련해 MZ세대 안보의식 고취 기회로 활용하고, 명확한 국가관과 대적관 확립을 위한 민관군 Think-

Tank 네트워크 구축이 추진 중점 목표입니다.

    지난해 10월부터 관련 협의를 시작한 정부 연구기관들이 국가관과 대적관을 정립한 뒤 민간 학술대회, 토론회 등을 통해 보급하겠다는 겁니다.

> **정태호/ 경희대 법학전문대학원 교수** : *(정부의 안보교육은) 특히 (헌법이 보장하는) 양심의 자유에 포함돼 있는 것으로 해석이 되는 사상의 자유, 이런 것에 충돌할 가능성이 있죠.*

    군 내부에서도 구시대적 조치라며 효과에 의문을 제기하는 목소리가 나오는 가운데 국방부는 안보교육 계획을 세웠다는 사실은 인정했지만 실행하지는 않았다고 해명했습니다.

6. 전략자산 707과 텔레그램 스캔들

| 단독

계엄군 텔레그램…"의원 본회의장 진입 차단"

2025년 2월 19일 보도

앵커

오늘은 저희가 단독 취재한 내용으로 뉴스 시작하겠습니다. 비상계엄 때 국회에 출동했던 707 특수임무단의 지휘부가 모두 참여한 텔레그램 단체대화방 내용을 저희 취재진이 입수했습니다. 김현태 특임단장은 계엄 당일 그 대화방에서 의원들의 국회 본회의장 진입을 막으라고 부하들에게 명령한 걸로 확인됐습니다. 김 단장은 앞서 헌법재판소에 증인으로 나왔을 땐 의원들을 막은 게 아니라 국회를 봉쇄하라는 지시만 받았다고 말한 적 있습니다. 오늘 첫 소식, 김수영 기자의 단독 보도입니다.

기자

'NEW 707'이라는 이름으로 개설된 텔레그램 단체대화방입니다.

707 특수임무단 지휘부가 참여했던 이 대화방에서 김현태 특임단장은, 계엄 당일인 지난해 12월 3일 밤 11시 46분, "본회의장 막는 게 우선."이라는 지시를 내립니다.

이어 "진입 시도 의원 있을 듯."이라며, "문 차단 우선."이라고 말합니다.

그러면서 "진입 차단 막고."라고 덧붙입니다.

'본회의장 의원 진입 차단'이란 지시로 분명하게 읽히는 내용입니다.

하지만 김 단장은 지난 6일, 증인으로 출석한 헌법재판소 탄핵심판에선 당시 '봉쇄 지시'를 받았다며 그 의미를 이렇게 말했습니다.

> **송진호/ 윤 대통령 측 대리인 :** 증인이 부여받은 봉쇄의 의미가 국회의원들 출입을 금지시키라는 것이나 이런 것들이 아니라 매뉴얼에

> 따라서 테러리스트 등 적대적 위협 세력으로부터 국회에 진입되지 못하도록 방어하라는 그런 개념이죠?
>
> **김현태/ 707특임단장** : 네. 맞습니다.

당시 707특임단 대화방에는 '요원'이 아닌 '의원'이라고, 또 '본회의장 진입 차단'이라고 썼는데, 헌재 증언 땐 다른 얘기를 한 셈입니다.

또 김 단장은 헌재에서 '150명이 넘으면 안 된다'는 곽종근 전 특수전사령관의 지시를 받았다고 인정하면서도, '150명'의 의미는 계엄 이후 언론을 보고 알았다고 증언했습니다.

> **장순욱/ 국회 측 대리인 (지난 6일)** : 150명이 국회의원이라는 것은 직접 듣지는 않아도 그렇게 이해를 하셨다면서요?
>
> **김현태/ 707특임단장 (지난 6일)** : 아닙니다. 당시에는 이해를 못 했습니다. 이후에 언론을 보고 이해를 한 것이고…….

'의원 본회의장 진입 차단'을 텔레그램 대화방에서 언급했던 김 단장이 국회 본회의에서의 의결정족수를 뜻하는 150명의 의미는 몰랐다고 주장한 겁니다.

이후 김 단장은 밤 11시 53분, '본청과 외곽 봉쇄'를 언급했고, 이튿날 새벽 1시 58분, 출동 인원 확인 정도를 했을 뿐, 이 대화방에선 별다른 추가 지시는 하지 않습니다.

 | 단독

'조용한 루트로 들어간다' 해놓고 철수?

2025년 2월 20일 보도

앵커

저희 취재진은 김현태 단장에게 국회에 조용한 루트로 들어가는 방법을 확인하고 있다는 단체대화방의 글이 무슨 의미인지도 물어봤습니다. 여기에 대해서 김 단장은 국회에서 병력을 철수하는 방법을 뜻한 거라고 해명했는데, 그럼 당시 상황은 실제로 어땠는지도 짚어보겠습니다. 이어서 최재영 기자의 단독 보도입니다.

기자

'조용한 루트로 들어가는 것 확인 예정' 국회의 계엄 해제 요구안이 가결된 지 10분쯤 지난, 지난해 12월 4일 새벽 1시 11분.

707 특수임무단의 작전과장이 텔레그램 단체대화방에 올린 글입니다.

시점상, 707 요원들이 국회 본관 지하 1층을 단전시킨 때와 겹치고, 윤석열 대통령의 계엄 해제 선언 이전이라, 추가 작전을 준비한 거냐는 의혹이 제기됐습니다.

이에 대해 김현태 707특임단장은 SBS에 '조용한 루트로 들어간다'는 건, '국회에서 나오는 철수 루트'를 의미했다고 주장했습니다.

> **김현태/ 707특임단장 :** 나가라고 해서 바깥쪽에 오래 기다려야 되니까 조용하게 좀 있을 수 있는 루트를 이야기한 거고, 이동 루트를 말한 건데.

이런 해명 이후, "'사령부가 철수용 버스를 보내기 위해 이동 경로를 확인하는 과정이었다'고 당시 글을 올린 작전과장이 기억해 냈다."고 김 단장은 추가로 전해왔습니다.

그런데, '조용한 루트 진입' 언급이 대화방에 등장한 지 4분 뒤.

김 단장은 707 요원들과 함께, 국회 본관 지하 1층의 연결통로로 의원회관으로 이동하기 시작해, 의원회관 도착 후 다시 나와 본관 정문으로 돌아왔습니다.

본관 지하 1층에서 1층으로 가면서, 무슨 이유에선지 의원회관을 들러 빙 돌아간 겁니다.

계엄 선포 전인 3일 낮, 비상등 켜고 위병소 통과, 대형버스 소집, 밤 9시까지 여러 차례의 회의 같은 대화방에서 포착된 긴박한 움직임은 평소에 하는 훈련의 일환이었다고 김 단장은 설명했습니다.

> **김현태/ 707특임단장** : 10시 30분 전화 받고 알았고, 그전에는 전부 다 비상 출동태세 점검 훈련이었어요. 훈련을 위한 조치들이고…….

3일 오후 5시 30분, 준비 완료라고 대화방에 공유됐던 발열 식량과 물은 계엄 작전이 진행된 국회로 옮겨졌던 걸로 보입니다.

김 단장 설명이 맞는다면, 계엄 여부를 모른 채 준비했던 훈련 물품을 가져갔던 얘기인데, 명확한 규명도 필요해 보입니다.

7. 평양 추락 무인기와 북풍 의혹

| 단독

"같은 전단통 불탔다"…'평양 무인기' 증거 없애려?

2024년 12월 24일 보도

앵커

앞서 들으셨던 평양 무인기 사건 때, 북한이 주장하는 것처럼 정말 우리 군이 그걸 혹시 보낸 건 아닌가 하는 의혹이 일기도 했었습니다. 그런데 이번 달 초 우리 군 드론작전사령부에서 컨테이너 화재가 발생했는데, 평양 무인기에서 떨어진 전단통과 같은 전단통이 그 컨테이너에 있었고, 그게 불에 타버렸다는 증언이 나왔습니다. 이 내용은 김태훈 국방전문기자가 단독 취재했습니다.

기자

12·3 계엄 이후 나흘째로, 계엄군 수뇌부가 수사 선상에 오른 지난 8일. 무인기를 운용하는 국군 드론작전사령부에서 화재가 발생했습니다.
불이 난 곳은 예하 부대의 한 컨테이너.
야당 의원들은 그 안에 무인기가 있었고, 그 무인기가 바로 지난 10월 평양 상공에 나타났던 무인기 아니냐고 의혹을 제기했습니다.
하지만 군은 불난 컨테이너 안에는 무인기가 없었다고 해명했습니다.

> **김용대/ 드론작전사령관 (지난 10일, 국회) :** 자연 발화로 지금 보고를 받았습니다. 드론 손상은 없습니다. 단지 그 부수 기재, 발사대 이 정도가 손상을 입었고…….

국방부 소식통은 "컨테이너 안에 무인기는 없었지만, 평양 상공에 나타났다는 무인기를 유추할 수 있는 증거물이 있었다."고 SBS에 전했습니다.

또 다른 국방부 소식통은 "평양 상공의 무인기에서 떨어졌다고 북한이 주장하는 전단통과 전단이 있는데, 그와 같은 물품들이 컨테이너에 있었다."고 말했습니다.

"다만 컨테이너 화재로 전소된 걸로 안다."고 이 소식통은 덧붙였습니다.

컨테이너 화재와 평양 무인기 사건이 연관됐을 수 있다는 증언들인 셈입니다.

그렇다면, 우리 군은 '평양 상공 무인기'가 북한의 조작이었는지, 또는 우리 측 민간인이 무단으로 띄웠던 건지, 따로 조사라도 했을까.

> 이성준/ 합참 공보실장 (지난 10월 17일) : (민간에서 보냈나 등등 조사하고 있나요?) 조사하고 있지 않습니다. (우리는 다 알고 있고, 더 나아가서 생각해 보면 우리 군이 보냈으면 조사할 필요가 사실 없거든요.) 확인해 드릴 게 없네요. (사실 우리 군이 만약 보냈다면 이거 북풍이라고 해석할 수도 있어서 그런 우려가 있어서 그래요.)

노상원 전 정보사령관 수첩에서 등장한 'NLL에서 북의 공격 유도'라는 메모, 그리고 '평양 상공의 무인기'.

둘 사이 연관성도, '북풍 유도설'과 관련해 수사당국이 밝혀야 할 사안으로 보입니다.

| 단독

"중국산 드론 브로커"…군 이권 사업 개입했나

2024년 12월 20일 보도

앵커

노상원 전 정보사령관을 둘러싼 의혹은 또 있습니다. 우리 군에 중국산 드론을 공급하는 브로커 역할을 했다는 의혹이 불거진 겁니다. 군 내부의 각종 이권에도 개입했을 가능성이 처음 제기된 건데 이 내용은 김수영 기자가 단독 취재했습니다.

기자

국군 정보사령부와 국방부 심리전단은 대북 비밀작전에 중소형 드론을 활용합니다.

대북 전단 살포와 작전 중 정찰 목적인데 군 당국은 독자 개발한 드론과 국내 업체가 생산한 드론 외에 중국산 드론도 사용하는 것으로 알려졌습니다.

중국산 드론은 각종 운용 정보가 중국 측으로 유출될 우려가 있어 군용으로 잘 쓰지 않지만, 정보사와 심리전단은 일부러 중국산을 사용하고 있습니다.

> **드론 업체 관계자 :** *(중국산은) 전시나 비상상황일 때, 전단을 뿌리는 용도로 운용을 해요. 심리전 하는 기체가 한국산이면 나중에 문제가 되잖아요.*

작전 실패로 북한 지역에 드론이 추락했을 때 북한이 드론의 출처를 알 수 없게 하려는 의도라는 겁니다.

비상계엄 사태 핵심역할을 한 혐의로 구속된 노상원 전 정보사령관이 중국산 드론사업에도 개입했다는 의혹이 제기됐습니다.

노 전 사령관이 중국산 드론을 정보사와 심리전단에 공급하는 브로커 역할을 했다는 게 의혹의 핵심입니다.

> **드론 업체 관계자 :** *(노상원 전 사령관이) 정보사 쪽에 소개를 해주고 그*

> 랬었던 걸로 알고 있어요. 영업을 해준 거죠. '이것들은 성능이 좋으니까 중국산이라도 써도 성능이 잘 나온다.' 이런 정도의 수준으로······.

    김용현 전 장관의 후광을 적극 활용한 노 전 사령관이 국방 이권 사업에 개입했다는 정황이 포착된 건 처음입니다.
    정보사와 심리전단, 그리고 다른 군부대에서 중국산 드론을 얼마나 도입했고, 이 과정에서 노 전 사령관의 부당한 이권 청탁은 없었는지 이 부분 역시 수사로 규명돼야 할 것으로 보입니다.

8. 계엄 모의와 한밤의 말다툼

| 단독

윤 대통령, 1년 전 "비상조치 말고는 방법 없다"

2024년 12월 23일 보도

앵커

다음은 저희가 단독 취재한 내용 전해 드리겠습니다. 윤석열 대통령이 1년 전인 지난해 12월 안보 분야 최고 책임자들을 안가에 불러서 "비상조치 말고는 방법이 없다."라며 계엄 이야기를 꺼냈다는 증언이 나왔습니다. 지난 10월 국군의 날 행사 직후에도 주요 장성들에게 계엄을 언급한 것으로 전해졌습니다. 먼저 김수영 기자의 단독 보도입니다.

기자

지난해 12월, 윤석열 대통령이 당시 김용현 경호처장과 신원식 국방부 장관, 조태용 국가정보원장, 김명수 합참의장, 여인형 방첩사령관 등을 종로구 삼청동 안가로 불렀고, 그 자리에서 시국을 한탄하며, 계엄 이야기를 꺼냈다고 여인형 사령관이 검찰에 진술한 것으로 파악됐습니다.

윤 대통령이 1년 전 만찬에서 "지금 시국에서 비상조치 말곤 방법이 없다."고 말했다는 것입니다.

그러자 당시 만찬 참석자들은 "그런 생각 하시면 안 된다."라거나 "요즘 군인들은 과거와 다르고, 계엄 훈련도 안돼 있다."고 부정적 반응을 보였다고 합니다.

윤 대통령은 "여러분이 이렇게 하면 할 수 있는 게 없다."라고 말한 것으로 전해졌습니다.

12·3 계엄 1년 전부터 윤 대통령은 안보 분야의 최고 책임자들에게 계엄을 언급했었다는 이야기입니다.

여 사령관은 검찰에 "지난 4·10 총선 이후에도 윤 대통령은 수차례 계엄 의지를 드러냈고, 자신은 무릎 꿇고 말렸다."고 진술했다고 여 사령관 측 인사는 전했습니다.

지난 10월 1일, '국군의 날' 시가행진이 끝나고, 대통령 안가에서 장성들을 격려하는 자리에서도 윤 대통령이 계엄을 언급했다는 진술도 여 사령관이 한 것으로 전해졌습니다.

국방부 소식통은 "국군의 날 자리에는 김용현 전 장관과 이진우 수방사령관, 곽종근 특전사령관, 여인형 방첩사령관 등이 참석했고, 그밖에 다른 장성도 몇 명 더 있었던 것으로 안다."고 말했습니다.

장성급 인사 상당수까지도 계엄 2달 전에는 이미 계엄 가능성을 사전에 인지했을 수 있다는 뜻입니다.

 | 단독

김용현-신원식, 계엄 놓고 밤늦도록 '고성 다툼'

2024년 12월 23일 보도

앵커

윤석열 대통령이 계엄을 오래전부터 이야기했다는 정황은 또 있습니다. 지난해 12월에 이어 올해 3월에도 다시 한번 안보 책임자들을 안가로 불러 계엄 강변했던 것으로 파악됐습니다. 당시 김용현 경호처장과 신원식 국방부 장관은 그날 자리를 옮겨 계엄에 대해 따로 이야기했는데, 두 사람은 언성을 높이며 다투기까지 한 것으로 전해졌습니다. 이어서 김태훈 기자가 단독 취재했습니다.

기자

지난 3월, 서울 삼청동에 있는 대통령 안가에서 윤석열 대통령은 당시 김용현 경호처장, 신원식 국방부 장관, 조태용 국가정보원장, 여인형 방첩사령관 등과 만찬을 했던 것으로 파악됩니다.

지난해 12월 안가 만찬에 이어 다시 한자리에 모였던 셈입니다.

국방부 소식통은 SBS에 "대통령의 계엄 의지는 늘 확고했지만, 김용현 전 처장은 지난해 12월까지만 해도 적극적이지는 않았다."라고 말했습니다.

그러다 "3월 만찬 때가 되자 김 전 처장은 계엄 맹신론자가 돼 있었고, 반면 조태용 국정원장, 신원식 전 국방부 장관 등은 줄곧 반대했다."고 이 소식통은 덧붙였습니다.

3월 만찬이 끝난 뒤 김 전 처장, 신 전 장관, 여인형 사령관 등은 용산구 한남동 국방부 장관 공관으로 옮겨서 계엄 논의를 이어간 것으로 전해졌습니다.

소식통은 "3월 국방부 장관 공관 모임에서 김 전 처장과 신 전 장관이 밤늦도록 고성을 주고받으며 크게 부딪혔다."라고 털어놨습니다.

SBS가 취재한 여인형 사령관의 검찰 진술에 따르면 김 전 처장은 "비상계엄은 대통령의 권한 행사이지, 쿠데타도, 잘못된 것도 아니"라고 그 자리에서 강하게 주장했고, 신 전 장관은 "정치적인 문제를 푸는 데 계엄은 솔루션이 될 수 없다."며 역시 물러서지 않고 맞받았습니다.

윤 대통령이 "군이 안 나서면, 할 수 있는 게 없다."는 취지로 계엄 필요성을 강조하는 상황에서 정작 계엄 사령탑을 맡아야 할 당시 국방부 장관은 반대 의견을 굽히지 않은 겁니다.

결국, 지난 9월 돌연 신 전 장관을 대통령실 안보실장으로, 김 전 처장을 국방부 장관으로 바꾼 것도 이런 상황과 관련이 있다는 분석입니다.

9. 계엄에 드리워진 예비역의 그늘

 | 단독

노상원 "부정선거 많이 공부"…"대수장 회원"

2024년 12월 24일 보도

앵커

이번 비상계엄 사태의 배후 기획자로 지목된 노상원 전 정보사령관이 오늘 검찰에 구속 송치됐습니다. 노 전 사령관은 수사 사조직을 만들고 계엄을 틈타서 선거관리위원회를 장악하려 했다는 의혹을 받고 있습니다. 저희 취재 결과 노 전 사령관은 부정선거를 주장하는 예비역 장성 모임에도 가입했던 걸로 파악됐습니다. 오늘 첫 소식, 민경호 기자의 단독 보도입니다.

기자

경찰은 계엄 당시 노상원 전 정보사령관이 자신의 사조직 '수사 2단'으로 제일 먼저 중앙선거관리위원회 서버부터 확보하려 했다고 밝혔습니다.

윤석열 대통령이 계엄 명분으로 내세운 부정선거 의혹에 대한 수사를 노 전 사령관이 주도하려 했다는 겁니다.

> **윤석열/ 대통령(지난 12일, 대국민담화)** : 어떻게 국민들이 선거 결과를 신뢰할 수 있겠습니까?

노 전 사령관은 체포 직전 SBS와 인터뷰에서 부정선거 의혹을 앞세운 윤 대통령의 계엄 명분에 공감한다고 말했습니다.

> **노상원/ 전 정보사령관** : V(대통령)가 언급할 때는 그만한 확신과 근거가 있으니까 했겠지, 그냥 국민 앞에 헛소리하지는 않았을 거라고.

그러면서 자신이 가입한 예비역 장성들의 모임인 대한민국수호예비역장성단에서 부정선거에 대해 공부했다고 털어놨습니다.

> **노상원/ 전 정보사령관** : '대수장'이라고 대한민국 장성의 모임이 있어. 회원인데, 그런 데서 부정선거 관련해서 나도 강의도 듣고 했었어요.

'대수장'은 지난 2019년 9.19 남북군사합의 폐기를 주장하며 결성됐습니다. 대수장이 운영하는 유튜브 채널에는 김용현 전 국방부 장관이 출연하기도 했고, 지난 2020년 총선 이후에는 부정선거 의혹을 제기하는 영상이 자주 올라왔습니다.

> **'대수장' 공식 유튜브 채널 동영상** : 사전투표는 투표자 수를 부풀렸다는 것, 그리고 4~5일간 투표함이 아무도 모르는 곳에서 보관돼 있었다는 것(이 문제입니다.)

노 전 사령관은 계엄 당시 계엄군 수백 명이 선관위에 신속하게 투입된 것과 관련해 이렇게 말했습니다.

> **노상원/ 전 정보사령관** : 선관위를 고발하면 소용이 없다. 왜? 증거 부족해서 각하되니까. 어쨌든 헌법기관이라고 하는 그 테두리 안에 있는데 그것(수사)을 그냥 하기가 쉽겠냐.

노 전 사령관이 대수장 회원으로 활동한 것이 위헌적 계엄을 기획하는 과정에 영향을 미쳤는지 밝혀져야 할 것으로 보입니다.

에필로그

12 · 3 비상계엄의 여파로 생긴 국방부 장관 공석. 봄꽃이 피고 있지만 언제 누구를 국방부 장관으로 세울지 미지수이다. 언제 누가 국방부 장관이 되든 그의 앞길이 전임 장관들이 지나간 길과 같을까봐 걱정이다. 과거 국방부 장관들은 여차하면 감옥행이었고, 천운이 도와도 수사나 재판 받는 신세를 면치 못했다. 왜 이런 일이 반복됐을까.

2010년 이후 취임한 국방부 장관들은 예외가 없었다. 43대 김관진, 44대 한민구, 45대 송영무, 46대 정경두, 47대 서욱, 48대 이종섭, 49대 신원식, 50대 김용현 등이다. 한명도 빠짐없이 장관 퇴임 후 검찰 수사를 피하지 못했고, 일부는 감옥 갔다. 지금도 한명은 감옥 안에 있다. 다른 부처에서는 상상도 못할 일이다. 15년 동안 8명 장관이 최소한 검찰 수사 받는 국방부가 해외라고 있을까.

하나같이 정치적 사건에 연루됐다. 장관이 지휘하는 군도 함께 정치 사건에 엮였다. 정치 중립을 신줏단지 모시듯 해야 하는 군이 정치에 휘말린 것이다. 절정은 군이 정치권력의 수단으로 퇴락한 12 · 3 비상계엄이다. 12 · 3 계엄을 정통으로 맞고도 군과 정치를 분리시키지 못한다면 51대 국방부 장관은 퇴임 후 평온한 노년을 기대할 수 없고, 군의 정치 중립 기대도 공염불이 되기 십상이다.

| 툭하면 구속… 최소한 검찰 조사 |

길든 짧든 감옥 경험을 한 국방부 장관은 50대 김용현, 47대 서욱, 43대 김관진 등 3명이다. 현재도 구속 상태인 김용현 전 장관의 혐의는 누구나 잘 아는 내란 중요 임무 종사이다. 서욱 전 장관은 2020년 9월 소연평도 인근에서 이대근 씨가 북한군에 피격돼 숨진 사실을 은폐 및 조작한 혐의로 구속됐다가 석방됐다. 김관진 전 장관은 사이버사령부 댓글 부대의 2012년 2월 총선 여론조작 등을 배후조종한 혐의로 실형을 선고 받은 바 있다.

48대 이종섭 전 장관은 채 해병 사망 수사 외압 의혹 사건으로 군 검찰에 불려갔다. 46대 정경두 전 장관은 사드 기지 기밀 유출 등 혐의로 작년 10월 검찰에 고발됐다. 49대 신원식 전 장관은 지난 1월 12·3 계엄과 관련해 검찰 조사를 받았다.

44대 한민구 전 장관, 45대 송영무 전 장관은 2018년 터진 기무 계엄 문건 사태로 수사 대상이 됐다. 한 전 장관은 계엄 문건 작성을 지시한 혐의를, 송 전 장관은 계엄 문건 관련 자신의 무고함을 주장하는 확인서에 참모들의 서명을 강요한 혐의를 각각 받고 있다.

| 51대 국방부 장관은 무탈할까… "군과 정치 결별해야" |

역사적 확률에 따르면 51대 국방부 장관도 특단의 조치가 없는 한 퇴임 후 구속되거나 최소한 검찰에 소환될 가능성이 100%이다. 국방부 장관을 노리는 예비역들이 슬슬 고개를 들고 있는데 43대 김관진부터 50대 김용현까지 8명 장관의 데이터를 훑어보면 생각이 바뀔 것 같다.

국방부 장관들의 흑역사는 순전히 정치 탓이라고 해도 과언이 아니다. 국방부 장관들을 검찰로, 감옥으로 끌고 간 사건들은 모두 정치와 밀접하게 연결돼 있다. 정치권력의 입김에 떠밀려 군을 부조리하게 움직여서 생긴 사달이다. 장관이 독자적으로 군에 하달한 명령으로 말미암은 사건은 없다.

한국의 정치는 진보, 보수를 막론하고 군을 수단으로 삼아 이익을 좇는 경향이 있다. 여당은 안보 이미지 강화 또는 남북관계의 조절 및 관리를 위해, 야당은 군을 큐걸이 삼아 통수권자를 때리기 위해 군을 활용한다. 군이 권력의 수단이 되는 후진적인 문민통제가 공고해지다가 마침내 계엄까지 발발했다. 군에 대한 국민의 신뢰는 바닥 수준이다.

누가 될지 모르겠지만 51대 국방부 장관을 구원하려면, 또

2025년 6월 출범하는 새 정부가 계엄의 늪에 빠진 군의 기사회생에 기여했다는 평가를 받으려면 정치와 군의 야합을 깨는 특단의 조치가 필요하다. 정치권력은 군을 부리는 유혹에서 벗어나야 하고, 군은 정치권력이 던져주는 떡고물에 냉담해야 한다. 달콤했던 기억과 관행을 지워야 하는 고역이라서 서로 쉽지 않을 것이다. 군을 국민과 국가의 수단으로 복무케 함으로써 문민통제의 기본을 복구하는 고난도의 과업이다. 군을 살리고 안보를 굳건히 하기 위해 달리 방법이 없다.

계엄君
계엄群
- 계엄 대통령과 국회에 총겨눈 무리들 -

초판 1쇄 2025년 4월 30일
초판 2쇄 2025년 12월 31일

지은이 김태훈
펴낸이 김영희
펴낸곳 ㈜더퍼플미디어

출판등록 2024년 1월 15일 제2024-000008호
주소 서울특별시 강서구 공항대로 222, 908호
　　　(마곡동, 발산더블유타워 업무시설)
이메일 02waa@naver.com

ISBN 979-11-987717-7-3 03340